KB117053

# 숫자에 속지 않고
# 숫자 읽는 법

# 숫자에 속지 않고 숫자 읽는 법

1판 1쇄 인쇄 2022. 3. 23.
1판 1쇄 발행 2022. 3. 30.

지은이 톰 치버스 · 데이비드 치버스
옮긴이 김성훈

발행인 고세규
편집 이예림   디자인 홍세연   마케팅 박인지   홍보 홍지성
발행처 김영사

등록 1979년 5월 17일 (제406-2003-036호)
주소 경기도 파주시 문발로 197(문발동) 우편번호 10881
전화 마케팅부 031)955-3100, 편집부 031)955-3200   팩스 031)955-3111

값은 뒤표지에 있습니다.
ISBN 978-89-349-6173-4 03300

홈페이지 www.gimmyoung.com          블로그 blog.naver.com/gybook
인스타그램 instagram.com/gimmyoung   이메일 bestbook@gimmyoung.com

좋은 독자가 좋은 책을 만듭니다.
김영사는 독자 여러분의 의견에 항상 귀 기울이고 있습니다.

# 숫자에 속지 않고
# 숫자 읽는 법
## How to Read Numbers

**톰 치버스 · 데이비드 치버스**
김성훈 옮김

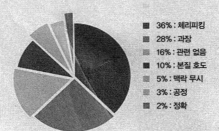

- 36% : 체리피킹
- 28% : 과장
- 16% : 관련 없음
- 10% : 본질 호도
- 5% : 맥락 무시
- 3% : 공정
- 2% : 정확

뉴스의 오류를 간파하고
세상을 제대로 이해하기
위한 가이드

김영사

우리 조부모님이신 진 치버스와 피터 치버스에게
이 책을 바칩니다.

# 차 례

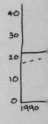

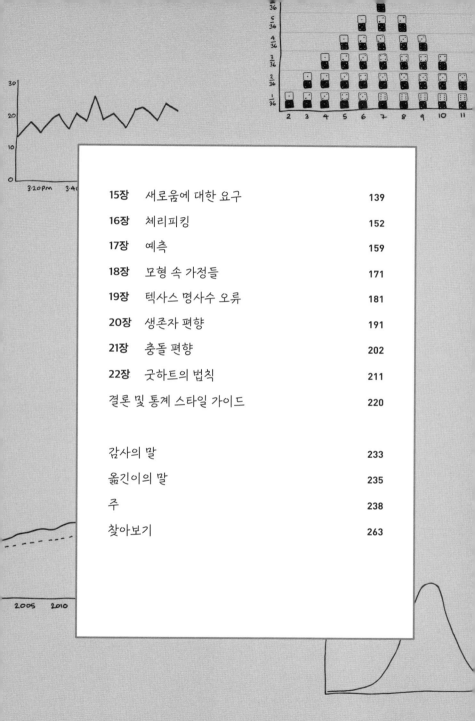

# 서문

수학은 감정이 없다.
피를 흘리지도, 눈물을 흘리지도, 무언가를 바라지도 않는다.
수학은 용기, 희생, 사랑, 충성 같은 것을 모른다.
어찌나 냉담한지 수학에는 오직 0과 1밖에 없다.

에이미 카우프만, 《일루미네이 Illuminae》


수는 냉담하고 무감각하다. 그래서 사람들은 수학을 싫어할 때
가 많다. 이해가 간다. 이 글을 쓰고 있는 지금도 여전히 신문
에서는 2020년 초부터 전 세계를 휩쓸기 시작한 코로나19로
인한 일일 사망자 수를 보도하고 있다. 영국에서 사망자가 천
명 단위로 나오다가 백 명 단위로 떨어지기 시작했을 때는 마
침내 터널 끝에서 빛이 보이는 것 같았다.

　하지만 이 사망자들은 모두 자기만의 고유한 개성을 가
진 개인이었다. 팬데믹 기간에 죽은 사람의 수에 관해 이야기
해보자. 2020년 8월 기준으로 영국은 4만 1,369명, 스페인은
2만 8,646명이다. 그런 날이 오기는 할지 모르겠지만, 코로나
바이러스가 드디어 종식되는 날에는 그동안 얼마나 많은 사람

이 죽었는지 이야기할 수도 있을 것이다. 하지만 이 삭막한 숫자는 그 한 사람 한 사람에 대해서는 아무것도 말해주지 않는다. 그 사람들은 모두 자기만의 이야기를 갖고 있다. 이름은 무엇이고, 하는 일은 무엇이었고, 누구를 사랑했고, 누구에게 사랑을 받았는지 말이다. 그들의 죽음을 슬퍼하는 이들도 있었을 것이다.

목숨을 잃은 사람들을 '오늘 총사망자 수 ○○○명'이라고 단순한 수로 표현하는 것은 가혹하면서도 삭막해 보인다. 그 안에 담긴 모든 슬픈 사연들을 무시하고 있기 때문이다. 숫자 속에서는 이 모든 개성과 사람들의 이야기가 생략되어버린다.

하지만 우리가 일일 사망자 수를 기록하면서 질병의 전파를 추적하지 않는다면 더 많은 사람이 죽게 될 것이다. 자기만의 특별한 이야기를 품고 있는 더 많은 사람이 때아닌 이른 죽음을 맞이하게 될 것이다. 우리는 그저 사망자 수가 얼마나 많은지 모르고 넘어갈 수밖에 없었을 것이다.

이 책은 숫자에 관해 이야기한다. 언론에서 숫자를 어떻게 이용하는지, 숫자를 어떻게 잘못 사용해서 사람들에게 오해를 낳는지 알아본다. 하지만 그 과정에서 우리는 그 숫자들이 어떠한 대상을 상징하는 존재임을 잊지 말아야 한다. 그 대상은 사람인 경우가 많고, 아니면 사람에게 중요한 무언가를 상징한다.

이 책은 일종의 수학책이다. 당신은 수학을 못해서 책의 내용을 제대로 이해하지 못할까 봐 겁이 날 수도 있다. 당신만 그런 것이 아니다. 대부분의 사람이 자기는 수학을 못한다고 생각하는 것 같다.

저자 데이비드는 영국 더럼대학교에서 경제학을 가르친다. 그의 경제학 강의를 신청하려면 수학 A 레벨에서 A 학점을 받아야 하지만, 그렇게 수강하는 이들 중에서도 꽤 많은 학생이 여전히 자기가 수학을 못한다고 말한다. 저자 톰도 자기가 수학을 정말 못한다고 생각하지만, 왕립통계학회 Royal Statistical Society로부터 '저널리즘 통계 우수상Statistical Excellence in Journalism'을 두 번이나 수상했다(그는 대화에서 가끔 이 이야기를 즐겁게 들먹인다). 데이비드 역시 가끔은 자기가 수학을 못한다고 생각한다. 그런데도 수학을 잘하는 사람들에게 수학을 가르치고 있다.

아마도 당신은 생각보다 수학을 잘할 것이다. 어쩌면 그저 암산에 다소 서툴 뿐인지도 모른다. 사람들은 수학을 잘하는 사람이라고 하면, 퀴즈쇼 〈카운트다운Countdown〉에서 모든 계산을 암산으로 척척 해내는 캐럴 보더먼이나 레이철 라일리 같은 사람을 떠올리는 것 같다. 물론 이 사람들은 수학을 잘한다. 하지만 암산을 못한다고 해서 수학을 못한다는 의미는 아니다.

대부분 수학에는 정답 아니면 오답만 있다고 생각한다. 하지만 그렇지 않은 경우도 많다. 적어도 우리가 이야기하려는 종류의 수학에서는 그렇다. 그 예로 간단하지만 무시무시한 수에 대해 생각해보자. 코로나19로 인한 사망자 수 말이다. 어떤 수를 써야 할까? 검사를 통해 확진이 '확인된' 사망자 수를 이야기해야 할까? 아니면 올해의 사망자 수를 지난 몇 년 동안의 통계적 평균과 비교한 '초과' 사망자 수를 이야기해야 할까? 이 두 가지 접근방식은 아주 다른 답을 내놓는다. 둘 중 어느 수를 사용할 것인지는 질문에 따라 달라진다. 양쪽 모두 오답이 아니다. 하지만 둘 다 정답도 아니다.

중요한 것은 이런 숫자들이 단정적 값이 아닌 이유가 무엇인지, 겉으로는 간단해 보이는 것이 막상 속을 들여다보면 훨씬 복잡한 이유가 무엇인지 이해하는 것이다. 특히 숫자를 이용해 사람들을 오해와 혼란으로 끌고 가는 경우가 많기 때문에 더욱 그렇다. 정치인들뿐만 아니라 사람은 원래 그런 경향이 있다. 이런 논란은 우리의 삶에, 그리고 민주주의 참여 능력에 영향을 미친다. 비유를 들어보자. 문맹이 많으면 제대로 기능하는 민주주의 국가를 건설하기가 어렵다. 글을 알아야 정치 지도자들이 내놓는 정책을 이해하고 선거에서 누구에게 투표할지 판단할 수 있기 때문이다.

하지만 글만 이해하는 것으로는 충분하지 못하다. 수에 대해서도 어느 정도는 알고 있어야 한다. 뉴스 보도에서 숫자가 등장하는 경우가 점점 많아지고 있다. 경찰에서 보고하는 범죄 건수, 국가 경제의 쇠퇴나 성장, 최신 코로나19 확진자 수와 사망자 수 모두 숫자로 발표된다. 나를 둘러싼 세상에서 일어나는 일을 이해하려면 수학을 잘할 필요는 없지만 그 숫자들이 어떻게 만들어지고, 어떻게 사용되고, 어떻게 잘못될 수 있는지 이해해야 한다. 그렇지 않으면 개인이나 사회가 옳지 못한 결정을 내릴 수 있기 때문이다.

통계에 대한 오해가 어떻게 옳지 못한 결정으로 이어질 수 있는지 분명하게 보일 때도 있다. 예를 들어 얼마나 많은 사람이 코로나19에 감염되어 있는지 모르면, 적절한 대응이 무엇인지 판단할 수 없다. 그러나 이 책의 다른 장에서 검토해볼 내용이지만 베이컨이 암을 유발하는지, 탄산음료가 사람을 폭력적으로 만드는지와 같은 사례는 애매하다. 하지만 우리는 세상을 헤쳐나가는 데 도움을 받기 위해 의식적으로든 무의식적으로든 이러한 숫자를 이용한다. 우리가 와인을 마시고, 운동을 하고, 돈을 투자하는 이유는 그에 따르는 위험보다 즐거움, 건강, 돈과 같은 이익이 크다는 전제가 있기 때문이다. 그런 부분에 대해 현명한 판단을 내리려면 그 혜택과 이익이 무엇인지, 그리고 그것이 얼마나 큰지 알아야 한다. 우리는 그 혜택과 이익에 관한 정보를 뉴스를 통해 얻을 때가 많다.

뉴스에서 그런 수를 과장하거나 입맛대로 골라서 보여주지 않고 있는 그대로 전달할 것이라 기대할 수는 없다. 뉴스에서 당신을 꼭 속이기 위해 그러는 것은 아니다. 구독자나 시청자의 눈을 사로잡기 위해 짜릿하거나 흥미롭거나 충격적인 소식을 전하려고 하기 때문이다. 그들이, 그리고 우리가 이야기를 갈망하기 때문이기도 하다. 우리는 문제에 확인 가능한 원인이나 해법이 있는 이야기를 원한다. 얼마나 짜릿하고 흥미롭고 충격적인가에 따라 수를 선택하면 잘못된 수나 오해를 불러일으키는 수를 선택할 가능성이 크다.

기자들은 사람들의 선입견과 달리 분명 좋은 의도를 갖고 있고 똑똑한 사람들이지만 전통적으로 숫자에 능한 사람들은 아니다. 그래서 뉴스에서 보는 수치가 틀리는 경향이 있다. 항상 그런 것은 아니지만 그런 때가 적지 않아서 경계하는 편이 현명하다.

다행히도 숫자가 어떻게 잘못 전달되는지 예측할 수 있는 경우가 많다. 예를 들면 튀는 숫자를 뽑아서 쓰거나, 특정한 출발점을 이용하거나, 무언가 드러날 때까지 데이터를 반복적으로 잘게 쪼개면 입맛대로 고른 숫자가 나올 수 있다. 변화의 절댓값을 사용하지 않고 백분율 증가를 이용하면 변화를 과장할 수 있다. 그리고 단순한 상관관계correlation에 불과한 것을 인과관계causation를 암시하는 데 사용할 수도 있다(제비가 날면 봄이 온다고 해서 제비가 봄의 원인은 아니다 – 옮긴이). 이것 말고도 오류는 많다. 이 책은 이런 오류를 알아보는 데 필요한 도구로 당신을 무장시켜줄 것이다.

그 어떤 숫자도 믿을 수 없다는 이야기를 하고 싶은 것이 아니다. 그저 믿을 만한 숫자가 어떤 것인지 더 나은 판단을 내릴 수 있도록 돕고 싶을 뿐이다.

우리는 수학은 최소한으로 줄이려고 애썼다. 방정식처럼 보이는 것은 본문과 별도로 박스에 담았다. 원하면 읽어도 좋지만, 읽지 않아도 이해하는 데 제약이 있지는 않을 것이다.

기술적인 개념을 어쩔 수 없이 설명해야 하는 때도 있기 때문에 'p = 0.049' 혹은 'r = -0.4' 같은 표현도 만나게 될 것이다. 걱정할 필요 없다. 당신이 분명 이해할 수 있는 현실적이고 구체적인 간단한 내용을 간략하게 표시한 것에 불과하다.

이 책은 22개의 짤막한 장으로 나뉘어 있다. 각각의 장에서는 실제 뉴스에서 뽑아온 사례를 이용해 숫자가 어떻게 본질을 호도할 수 있는지 살펴본다. 부디 여러분이 이런 문제를 이해하고 다음에는 그런 오류를 알아볼 수 있게 되기를 바란다. 처음에 나오는 여덟 개의 장이 제일 중요하다. 여기에는 나머지 부분을 이해하는 데 도움이 될 내용을 담았다. 순서를 꼭 따지지 않고 읽고 싶다면 그래도 상관없다. 앞에서 다루었던 개념이 나올 때는 그때그때 알려주겠다.

이 책의 말미에서는 언론이 이 책에서 다루고 있는 오류를 피할 방법에 관해 몇 가지 제안을 담았다. 우리는 이것을 통계 스타일 가이드라 부르기로 했다. 독자 여러분도 자신이 접하는 언론이 이런 가이드를 따를 것을 촉구하는 일에 우리와 함께 해준다면 좋겠다.

그럼 시작해보자.

# 1장

# 숫자는 어떻게 본질을 호도하는가

통계로 거짓말하기는 쉽지만,
통계 없이 거짓말하기는 더 쉽다.
통계학자 프레더릭 모스텔러의 말로 전해짐

코로나19 덕분에 세계는 통계적 개념에 대해 허겁지겁 배우게 됐다. 대중은 갑자기 지수 곡선, 감염 치명률infection fatality rate과 증례 치명률case fatality rate, 거짓 양성과 거짓 음성, 불확실성 구간uncertainty interval 같은 개념을 이해해야 할 처지에 놓이게 됐다. 이 중에는 그냥 딱 봐도 복잡해 보이는 개념이 있다. 바이러스로 인한 사망자 수같이 아주 간단해 보이는데도 실제로는 파악하기 만만치 않은 개념들도 있다. 이번 1장에서는 겉으로는 간단해 보이는 숫자가 어떤 놀라운 방식으로 본질을 호도할 수 있는지 살펴보겠다.

그 전에 모두가 처음부터 이해하고 넘어가야 할 값이 하나 있다. 바로 R값이다. 2019년 12월만 해도 R값이 무엇인지 알고 있는 사람은 50명 중 한 명이 되지 않았을 것이다. 하지만 2020년 3월 말을 기준으로 보면, 주요 언론의 보도에서 이 값은 거의 아무런 설명도 없이 계속 등장하고 있다. 숫자라는 것이 교묘하게 장난을 칠 수 있기 때문에 좋은 뜻으로 R값의 변화에 대해 알리려고 하는 노력이 오히려 사람들을 오해에 빠뜨릴 수 있다.

R값은 무언가의 재생산지수reproductive number다. 이 값은 인터넷 밈, 사람, 하품, 신기술 등 전파되거나 재생산되는 대상에는 어디든 적용할 수 있다. 감염성 질환의 역학에서는 질병에 감염된 사람이 그 질병을 몇 사람에게 전파하는지 평균을 낸 값을 의미한다. 만약 질병의 R값이 5라면 감염된 사람이 평균적으로 5명을 감염시킨다.

물론 이렇게 간단하지는 않다. 이것은 평균값일 뿐이다. 5라는 R값은 100명이 있을 때 모든 사람이 정확히 5명씩 감염시킨다는 의미일 수도 있고, 100명 중 99명은 아무도 감염시키지 않는데 1명이 500명을 감염시킨다는 의미일 수도 있다. 아니면 평균만 5가 나오면 그 중간의 어떤 경우도 가능하다.

이것은 고정된 상수도 아니다. 새로운 질병이 발발했을 때 초기에는 전체 인구집단 중 그 질병원에 대해 면역이 있는 사람이 없고, 사회적 거리두기나 마스크 착용 등 질병에 대한 대책도 마련되어 있지 않기 때문에 초기의 R값은 나중과 다르다. 전염병 발발 기간에 공공보건 정책의 목표 중 하나는 백신 접종이나 행동 변화 등을 통해 재생산지수 R값을 낮추는 것이다. R값이 1보다 크면 질병이 기하급수적으로 퍼지고, 1 미만일 때는 점점 줄어들다가 사라지기 때문이다.

하지만 이런 복잡성을 감안하더라도 많은 사람이 바이러스에는 한 가지 간단한 규칙이 존재할 거라 생각할 것이다. R값이 높을수록 나쁜 것이라고 말이다. 따라서 2020년 5월, 영국한 언론의 헤드라인에서 "요양원 감염의 급속한 확산으로[1] 바이러스의 재생산지수 R값이 다시 높아질지 모른다"[2]라고 경고하는 긴박한 말투가 어색하게 들리지 않았을 것이다.

하지만 세상만사가 그러하듯 실상은 그보다 더 복잡하다.

2000년에서 2013년 사이, 미국에서 물가상승을 감안한 실질임금의 중앙값median은 1퍼센트 정도 올라갔다.[3]

---

* 이 박스 글을 반드시 읽거나 이해할 필요는 없지만 중앙값과 평균값의 차이를 기억하지 못하겠다면 계속 읽어보자.

학교에서 배운 '평균값mean', '중앙값', '최빈값mode'을 기억하는 사람이 있을 것이다. '평균값'은 대부분 알고 있는 개념이다. 모든 값을 한데 더해서 값의 개수로 나눈 값을 말한다. '중앙값'은 값들을 일렬로 나열했을 때 가운데 오는 값이다.

그 차이를 설명해보자. 한 집단 안에 7명이 있다고 상상해보자. 그중 한 사람은 1년에 1파운드, 다른 한 사람은 2파운드, 또 다른 사람은 3파운드… 이런 식으로 마지막 사람은 7파운드를 번다. 이 값

---

들을 모두 더하면 (1 + 2 + 3 + 4 + 5 + 6 + 7) = 28이 된다. 이 28을 사람의 수인 7로 나누면 4파운드가 나온다. 따라서 평균값은 4파운드가 된다.

중앙값을 얻으려면 값들을 모두 더하는 대신 한 줄로 나열해야 한다. 그럼 제일 왼쪽에는 1파운드를 버는 사람, 그다음에는 2파운드를 버는 사람, 이런 식으로 해서 제일 오른쪽에는 7파운드를 버는 사람이 서게 된다. 그다음 그 줄의 가운데 있는 사람을 찾으면 된다. 이때는 4파운드를 버는 사람이 중앙에 온다. 따라서 중앙값은 4파운드가 된다.

이번에는 7파운드를 버는 사람이 자신의 기술창업 기업을 10억 파운드를 받고 페이스북에 팔았다고 해보자. 갑자기 평균값은 1 + 2 + 3 + 4 + 5 + 6 + 1,000,000,000)/7 = 142,857,146파운드로 치솟는다. 따라서 7명 중 6명은 이전과 동일한 상황인데도 그 집단에 속한 '(적어도 평균값으로 보면) 평균적인 사람'은 백만장자에 해당한다.

통계학자들은 이렇게 분포가 고르지 못한 상황에서는 평균값보다는 중앙값을 더 선호한다. 그렇게 사람들을 왼쪽부터 오른쪽까지 다시 줄을 세워보면 줄 가운데 있는 사람은 여전히 4파운드만 벌고 있다. 수백만 명으로 구성된 실제 모집단에서는 이렇게 중앙값을 따지는 것이 평균값을 따지는 경우보다 모집단의 현실을 더 정확히 반영한다. 특히나 수입 분포에서 꼭대기를 차지하고 있는 몇몇 초고소득자에 의해 평균값이 왜곡되는 경우에는 더욱 그렇다.

한편 최빈값은 제일 자주 등장하는 값을 의미한다. 만약 17명은 1파운드를 벌고, 25명은 2파운드를 벌고, 42명은 3파운드를 번다면, 최빈값은 3파운드다. 키처럼 연속적인 값으로 나오는 양을 기술할 때 이 값을 사용하면 상황이 더 복잡해지지만, 그 부분은 잠시 잊어 두자.

임금의 중앙값이 올라갔다니까 좋은 일인 것 같다. 하지만 전체 인구를 더 작은 집단으로 나누어 살펴보면 무언가 이상한 일이 일어난다. 고등학교를 마치지 못한 사람들의 임금 중앙값은 7.9퍼센트 낮아졌다. 고등학교 졸업자의 임금 중앙값은 4.7퍼센트 낮아졌다. 대학에 다녔지만 학위는 취득하지 않은 사람은 7.6퍼센트 낮아졌다. 그리고 대학 학위를 취득한 사람은 1.2퍼센트 낮아졌다. 고등학교를 마친 사람과 마치지 못한 사람, 대학을 마친 사람과 마치지 못한 사람. 이렇게 교육 수준에 따라 나눈 집단들의 임금 중앙값이 모두 내려갔는데도 전체 인구의 임금 중앙값은 오히려 올라갔다.

대체 무슨 일일까?

학위를 취득한 사람들의 임금 중앙값은 내려갔지만, 학위를 취득한 사람들의 수가 상당히 많아졌기 때문이다. 그 결과 중앙값이 이상한 짓을 벌이기 시작한다. 1951년에 이와 같은 현상을 설명한[4] 영국의 암호해독자이자 통계학자인 에드워드 심슨Edward H. Simpson의 이름을 따서 이 현상을 심슨의 역설Simpson's paradox이라고 부른다. 이것은 중앙값에만 적용되는

---

# 심슨의 역설

| 고등학교 미졸업자 | | | 고등학교 졸업자 | | | 대학교 미졸업자 | | | 대학교 졸업자 | |
|---|---|---|---|---|---|---|---|---|---|---|
| £5 | £5 | £5 | £10 | £10 | £10 | £15 | £15 | £15 | £20 | £20 |

| 고등학교 미졸업자 | | 고등학교 졸업자 | | 대학교 미졸업자 | | 대학교 졸업자 | | | | |
|---|---|---|---|---|---|---|---|---|---|---|
| £4 | £4 | £9 | £9 | £14 | £14 | £19 | £19 | £19 | £19 | £19 |

것이 아니라 평균값에서도 나타날 수 있다. 하지만 우리가 든 사례에서는 중앙값을 사용하겠다.

11명이 속한 모집단이 있다고 해보자. 그중 세 명은 고등학교를 중퇴했고 1년에 5파운드를 번다. 다른 세 명은 고등학교를 마쳤고 1년에 10파운드를 번다. 또 다른 세 명은 대학을 중퇴했고 1년에 15파운드를 번다. 그리고 나머지 두 명은 학사학위를 받았고 1년에 20파운드를 번다. 모집단의 임금 중앙값(분포도에서 가운데 있는 사람의 임금. 앞의 박스에 나온 설명 참고)은 10파운드다.

그러다 어느 해에 정부에서 국민의 학력을 끌어올리는 정책을 펼쳐 고등학교와 대학교 졸업자 수가 늘어난다. 하지만 그와 동시에 각 집단의 평균 임금은 1파운드씩 떨어졌다. 갑자기 두 명의 고등학교 중퇴자가 5파운드, 두 명의 고등학교 졸업자가 9파운드, 두 명의 대학교 중퇴자가 14파운드, 다섯 명의 대학교 졸업자가 19파운드를 받게 됐다. 모든 집단에서 임금 중앙값이 낮아졌지만, 전체 집단에서 중앙값은 10파운드에서 14파운드로 올라갔다. 실제로 2000년과 2013년 사이 미국의 경제에서도 숫자만 더 컸지 이와 비슷한 일이 일어났다.

이런 일은 놀라운 정도로 흔하다. 예를 들면 미국에서는 흑인이 백인보다 흡연자 비율이 더 높다. 하지만 교육 수준별로 집단을 나누어 살펴보면 모든 집단에서 흑인의 흡연율이 더 낮은 것으로 나온다. 고학력 집단에 속할수록 흡연율이 낮아지는 경향이 있는데, 이것은 이런 고학력 집단에서는 흑인의 비율이 더 낮기 때문에 나온 결과다.[5]

유명한 사례도 있다. 1973년 9월에 약 8,000명의 남성과 4,000명의 여성이 캘리포니아대학교 버클리캠퍼스 대학원에 지원했다. 그중 남성은 44퍼센트가 합격하고, 여성은 35퍼센트가 합격했다.

하지만 이 데이터를 더 가까이 들여다보면 거의 모든 학과에서 여성 응시자가 합격할 확률이 높았다. 가장 인기가 많은 학과에서는 여성 응시자의 82퍼센트가 합격했고, 남성은 62퍼센트만 합격했다. 두 번째로 인기 많은 학과에서는 여성 응시자의 68퍼센트, 남성 응시자의 65퍼센트가 합격했다.

실상을 살펴보니 여성 응시자들이 경쟁률이 대단히 높은 학과에 몰려 있었다. 한 학과는 응시자가 933명이었는데, 그중 여성은 108명이었다. 이 학과는 여성 중 82퍼센트, 남성 중 62퍼센트를 합격시켰다.

한편, 여섯 번째로 인기 많은 학과에서는 714명의 응시자 중 여성이 341명이었다. 이 학과에서는 여성 중 7퍼센트, 남성 중에는 6퍼센트만을 합격시켰다.

하지만 이 두 학과의 데이터를 합쳐 보면 여성 응시자는 449명, 남성 응시자는 1,198명이다. 여성 중에는 111명, 즉 25퍼센트가 합격했다. 그리고 남성 중에는 533명, 즉 44퍼센트가 합격했다.

이번에도 역시 양쪽 학과를 따로따로 놓고 보면 여성이 합격 가능성이 더 컸지만, 두 학과를 합쳐서 보면 여성의 합격 가능성이 작게 나왔다.

그렇다면 어떤 통계치를 이용하는 것이 제일 좋을까? 상황에 따라 다르다. 미국의 임금 문제의 경우, 전체 인구의 중앙값이 더 유용한 정보라 주장할 수 있다. 고등학교와 대학교를 끝마친 미국인이 더 많아져 임금이 올라갔으니 말이다. 혹은 어떤 학과를 선택하든 평균적으로 여성이 남성보다 합격할 확률이 더 높다고 주장할 수도 있다. 하지만 고등학교 졸업장이 없는 사람은 상황이 더 어려워졌다는 지적도 마찬가지로 유효하다. 그리고 여성들이 가고 싶어 하는 학과에 대한 지원이 부족하다는 지적도 가능하다. 가고 싶어 하는 사람은 많은데 수용할 수 있는 인원이 얼마 안 되니까 말이다. 심슨의 역설 상황에서의 문제점은 동일한 데이터를 두고도 어떤 정치적 관점을 취하느냐에 따라 완전히 상반된 이야기가 나올 수 있다는 것이다. 여기서 가장 정직하게 접근하는 방법은 그런 역설의 존재를 설명하는 것이다.

다시 코로나19의 재생산지수 R값으로 돌아가보자. 이 값이 올라갔으니 바이러스가 더 많은 사람에게 퍼지고 있다는 의미이고, 이것은 안 좋은 일이다.

하지만 실상은 이렇게 단순하지 않다. 이 경우 어떤 면에서는 별개의 것이나 마찬가지인 두 전염병이 동시에 진행된다고 볼 수 있다. 요양원이나 병원에서 질병이 전파되는 방식과 그보다 넓은 지역사회에서 전파되는 방식이 다르기 때문이다.

구체적인 내용이 보도되지 않아 실제 수치는 알 수 없다. 하지만 위의 내용을 가지고 일종의 사고실험을 해볼 수 있다. 요양원에 감염자가 100명이 있고, 지역사회에도 100명이 있다고 해보자. 지역사회에서는 각각의 감염자가 평균적으로 2명을 감염시키는 반면, 요양원에서는 3명을 감염시킨다. 그럼 재생산지수 R(각각의 질병 보균자가 감염시키는 평균 사람 수)은 2.5가 나온다.

그러다가 봉쇄령이 내려졌다. 그럼 감염자의 수가 줄어들기 때문에 R값도 낮아진다. 하지만 요양원보다 지역사회에서 더 많이 낮아진다는 것이 중요하다. 이제 요양원에는 감염자가 90명이고, 한 사람이 평균 2.9명에게 병을 옮긴다. 그리고 지역사회에는 감염자가 10명이고, 각각의 감염자가 평균 1명에게 병을 옮긴다. 그럼 이제 R은 2.71이다([(90×2.9) + (10×1)]/100=2.71). R값이 올라갔다! 하지만 실제로 양쪽 집단 모두

R값이 내려갔다.

이것을 대체 어떻게 봐야 옳을까? 역시나 이번에도 명쾌한 답은 없다. 당신은 결국 전체적인 R값을 중요하게 여길 수도 있다. 두 전염병이 실제로는 별개의 전염병이 아니니까 말이다. 하지만 분명 "R값이 올라가면 나쁜 것이다"라고 간단히 생각할 수는 없다.

심슨의 역설은 생태적 오류ecological fallacy라는 더 폭넓은 문제의 한 사례다. 생태적 오류는 한 집단의 평균을 살펴 개인이나 하위집단에 대해 알아내려고 할 때 생긴다. 생태적 오류는 생각보다 훨씬 흔하다. 독자나 기자들은 헤드라인을 장식하는 숫자가 그 아래에 더 복잡한 현실을 숨기고 있을지 모른다는 것을 이해하는 게 중요하다. 그 본질을 이해하려면 더 깊숙이 파고들어야 할 수도 있음을 알아야 한다.

## 2장

# 일화적 증거

2019년에 〈데일리 메일 Daily Mail〉[1]과 〈미러 Mirror〉[2]에서 한 여성에 대한 기사를 내보냈다. 말기 암 판정을 받았지만 멕시코의 한 병원에서 고압 산소 치료, 전신 저체온 치료, 적외선 램프 치료, 펄스 전자기장 치료, 커피 관장, 사우나, 비타민 C IV 치료 등의 대안적 치료를 받고 암의 크기가 극적으로 줄어든 여성에 대한 기사였다.

우리 두 저자는 이 책을 읽는 독자 대부분이 이런 이야기에 대해 건전한 의심을 품고 있으리라 믿는다. 이것은 어떻게 숫자가 문제가 될 수 있는지 이해하는 중요한 출발점이다. 여기에는 아무런 숫자도 포함되지 않은 것처럼 보이겠지만 실제로는 포함되어 있다. 그들이 사용하고 있는 숫자는 숨겨져 있지만 분명 거기에 존재한다. 1이라는 숫자다. 주장을 뒷받침하는 데 사용되고 있는 한 사람의 이야기, 이것은 '일화적 증거anecdotal evidence'의 한 사례다.

일화적 증거는 평판이 좋지 않지만, 그렇다고 근본적으로 문제가 있는 증거는 아니다. 우리는 평소에 무언가가 참인지 거짓인지를 어떻게 판단할까? 아주 기본적인 방법을 이용한다. 자기가 직접 확인해보거나, 확인해본 다른 사람들의 이야기에 귀를 기울이는 것이다.

뜨거운 난로를 손으로 만지면 화상을 입는다. 단 한 번의 증거만으로도 우리는 뜨거운 난로에 손을 대면 화상을 입으며, 그것을 만질 때마다 화상을 입을 것이고, 뜨거운 난로를 만지는 것은 좋은 생각이 아니라고 확신하게 된다. 그뿐만이 아니다. 만약 다른 누군가가 뜨거워진 난로를 만지려 할 때 화상을 입는다고 말하면 우리는 보통 기꺼이 그 말을 믿는다. 우리는 다른 사람의 경험을 신뢰한다. 이는 그 어떤 통계적 분석도 필요하지 않다.

인생을 살아가는 동안에 이런 접근방식은 거의 항상 효과적이다. 어느 한 사람이 무언가를 관찰해서 결론을 내리면 그 일화 혹은 사례만으로도 교훈을 배우는 데 충분할 때가 많다. 왜 그럴까? 이런 경우에는 일화적 증거만으로 충분한데, 왜 다른 경우에는 일화적 증거가 본질을 호도하는 것일까?

그 이유는 뜨거운 난로의 경우 그것을 한 번 더 만졌을 때의 결과도 똑같을 것이 거의 확실하기 때문이다. 반복해서 만져보면 항상 화상을 입는다는 것을 확신하게 될 것이다. 절대 그것을 백 퍼센트 확실하게 증명해 보일 수는 없다. 어쩌면 15,363,205번째, 아니면 25,226,968,547번째 시도에서는 뜨거운 난로가 차갑게 느껴질지도 모른다. 뜨거운 난로를 만질 때마다 화상을 입는다고 완벽하게 확신하려면 시간이 끝나는 순간까지 계속 만져봐야 한다. 좋은 생각이라 할 수는 없다. 하지만 대부분의 사람은 뜨거운 난로에 한번 손을 데고 나면 만질 때마다 화상을 입게 되리라고 가정한다.

늘 똑같은 방식으로 일어나는 일들은 또 있다. 무거운 물체를 떨어뜨리면 아래로 떨어진다. 여러분이 지구 위에 남아 있는 한, 이런 일은 늘 일관된 방식으로 일어난다. 처음에 일이 일어났던 방식은 그 일이 매번 어떻게 일어날지 보여주는 좋은 사례가 되어준다. 통계학의 언어로는 이것이 "사건의 분포를 대표한다"라고 말한다.

일화를 사용하지 않기는 힘들다. 이 책 여기저기서 우리는 일화를 사용할 것이다. 언론에서 소개하는 수치가 문제를 일으키는 구체적인 사례들을 제시하면서, 우리가 이것이 수치가 문제를 일으키는 방식을 보여주는 일반적인 사례라고 말하면 여러분이 그 말을 믿어주기를 바란다.

그런데 일이 어떻게 벌어질지 예측 불가능한 상황, 사건의 분포가 단순하지 않은 상황에서 일화를 사용하기 시작하면 문제가 생긴다. 예를 들어 뜨거운 난로 대신 강아지를 만졌는데, 그 강아지가 당신을 물었다고 해보자. 다음부터 강아지를 만질 때는 더 조심해야겠다고 결론을 내리는 것은 합리적이지만, '강아지는 만질 때마다 문다'라는 결론을 내리는 것은 곤란하다. 아니면 무거운 물체 대신 헬륨 풍선을 잡고 있다가 놓았을 때는 풍선이 떠올라 바람을 타고 서쪽으로 날아갈 수 있다. 그렇다고 '풍선을 놓을 때마다 서쪽으로 날아간다'라고 결론을 내릴 수는 없다. 여기서 문제는 뜨거운 난로를 만지거나 무거운 물체를 떨어뜨리는 경우처럼 예측 가능한 일관적인 방식으로 일어나는 상황은 무엇이고, 헬륨 풍선이 날아가는 방향처럼 예측 가능성이 떨어지는 상황은 무엇인지 구분하기가 쉽지 않다는 것이다.

의학적인 상황에서도 이것이 문제가 된다. 당신에게 두통이 있어서 두통약으로 아세트아미노펜acetaminophen이라는 해열진통제를 먹었다고 해보자. 많은 사람이 이 약으로 효과를 본다. 하지만 이 약이 효과가 없는 사람의 비율도 꽤 된다. 각각의 사람들은 이 약이 효과가 없다는 자기만의 이야기, 일화를 말할 수 있다. 하지만 평균적으로 보면 이 약은 두통을 줄여준다. 하나 혹은 몇 개의 일화만으로는 전체적인 그림을 볼 수는 없다.

하지만 언론은 이야기를 중심으로 돌아간다. 예를 들어보자. "19파운드짜리 패치로 만성 허리 통증을 고쳤어요. 그런데도 국민보건서비스NHS(영국의 공중보건의료 서비스 – 옮긴이)에서는 그걸 처방해주지 않아요." 2019년 〈미러〉에서 보도한 에식스 주 출신 게리의 말이다.[3] 그는 '퇴행성 추간판 장애'라는 병으로 생긴 허리 통증으로 여러 해 동안 고생했고, 불과 55세의 나이로 은퇴해야만 했다. 그는 1년에 몇천 파운드어치의 온갖 진통제와 소염제를 들이붓듯 복용하고 있었다. 그러다가 액티패치ActiPatch라는 것을 이용하기 시작했다. 이것은 '전자기 펄스로 신경의 신경조절을 자극해서 통증의 감각을 누그러뜨리는 데 도움을 준다'는 제품이었다. 머지않아 그는 진통제 복용량을 절반으로 줄일 수 있었다. 이 패치가 그의 허리 통증을 고쳐준 것일까? 그럴지도 모른다. 하지만 이 이야기만 가지고는 알 수 없다.

2010년 〈영국의학저널〉에 발표된 체계적인 리뷰에 따르면,[4] 전 세계적으로 10명 중 1명이 허리 통증으로 고생하고 있다고 한다. 영국만 해도 수백만 명이다. 허리 통증은 정말 성가신 고통이다. 의사도 진통제와 운동요법을 처방해주는 것 말고는 다른 뾰족한 치료법을 갖고 있지 않다. 그래서 대안적 치료법을 시도하는 환자가 많다. 액티패치나 그와 비슷한 것들도 그중 하나다. 액티패치나 다른 치료법을 시도했는지와 상관없이 저절로 낫는 사람도 있다.

그렇다 보니 새로운 대안적 치료를 시도한 후 증상이 나아졌다는 사람이 꽤 많이 나온다. 하지만 그 둘이 전혀 상관관계가 없는 경우도 많다. 그래서 어떤 약을 써보았더니 병이 낫더라는 개별적인 일화는 본질을 호도하기 쉽다.

사실 보기보다 문제가 더 심각하다. 언론에서는 뉴스를 좋아하기 때문이다. 언론은 흥미로운 이야기, 놀라운 이야기, 가

슴이 따뜻해지는 이야기 등 독자의 시선을 사로잡는 이야기라면 가리지 않고 덤벼들기 때문이다. 언론을 비판하는 것은 아니다. 지극히 평범한 사람에게 일어나는 지극히 평범한 일만 매일 보도할 수는 없는 노릇이니까 말이다. 하지만 그렇다 보니 놀랍지 않은 사건보다는 놀라운 일이 신문에 실릴 가능성이 더 커진다.

한 가지 분명히 할 것이 있다. 게리가 액티패치로 효과를 본 것은 사실일 수도 있고, 아닐 수도 있다는 점이다. 증거가 약하다는 것이 그 결론이 옳지 않다는 의미는 아니다. 어쩌면 정말로 액티패치가 효과가 있을지도 모른다(그와 비슷한 장치가 효과가 있다는 몇몇[5] 증거가[6] 나와 있고, 미국 식품의약국에서는 2020년에 액티패치를 허리 통증의 치료 용도로 허가했다).[7] 실제로도 액티패치가 게리에게서 효과를 발휘했을지 모른다. 다만 게리의 이야기만으로는 알 수 있는 것이 많지 않다는 의미다. 따라서 그전에 액티패치가 효과가 없다고 생각했었다면, 지금도 그렇게 생각하는 것이 옳다.

허리 통증은 정말 고약한 증상이고 분명 게리의 삶을 심각하게 제약했다. 하지만 많은 사람이 그의 이야기를 읽고는 허리 통증을 줄여줄 거라는 희망으로 그 패치를 사용하게 됐다고 해보자. 이것을 두고 사안의 경중을 따져보면 그렇게 끔찍한 결과는 아니다. 공공의료 서비스나 돈을 지급하는 환자에게 비용은 좀 들었지만, 일부는 좋은 결과를 얻기도 할 것이다. 실제로 그 치료가 효과를 발휘했을 수도 있고, 어떤 사람에게는 희망을 주었을 수도 있고, 또 어떤 사람은 위약효과 덕분에 통증이 줄었을 수도 있으니까 말이다.

가끔은 웃고 넘길 일도 생긴다. 예를 들면 2019년에 〈메일Mail〉[8]에 보도된 또 다른 이야기에서는 여섯 사람이 동종요법제를 복용하고 마른버짐이 나았다고 주장했다. 그런데 이 동종요법제는 뱀의 독, 고래의 토사물, 부패한 소고기, 그리고 임질에 걸린 남성의 오줌을 가지고 제조한 것이었다.

"그래서 해로울 게 뭔데?"라고 웃어넘길 수도 있다. 하지만 이 장을 시작하면서 이야기했던, 대체의학으로 암을 치료했다는 여성 같은 사례는 문제가 심각해질 수 있다. 분명 고압 산소 치료나 커피 관장이 암을 낫게 한다고 생각할 타당한 이유는 없다. 하지만 전 세계에는 치료를 위해서라면 무엇이라도 할 수 있다는 간절한 마음을 가진 수백만 명의 암 환자가 있고, 그중에는 암을 없애기 위해 훨씬 극단적인 일도 시도할 사람이 많다는 것은 충분히 예상해볼 수 있다. 그리고 가끔은 정말로 암이 낫는 사람들도 있다. 액티패치를 사용하고 허리 통증이 나았다는 게리의 경우처럼 우연이 발생할 확률이 대단히 높다.

커피로 암을 치료했다는 여성의 사례라면 해가 될 것은 없었는지도 모른다. 암이 나았다면 커피가 도움이 됐든 안 됐든 더할 나위 없이 좋은 소식이다. 그리고 그 시도가 그 여성에게 희망도 주었을 것이다. 하지만 신문에서 누군가가 펄스 전자기장 치료나 다른 이상한 치료를 받고 병이 나았다는 기사를 읽고 증거에 기반한 진짜 의학을 멀리하게 된다면, 이는 위험을 초래할 수 있다. 그래서 사회 구성원들이 이런 증거들에 대해 정확히 이해하고 있어야 한다. 우리는 증거가 어떨 때 유효하고 어떨 때 유효하지 않은지 이해하고 있어야 한다. 이것은 일화적 증거에도 적용되지만 이 책에서 소개하는 모든 개념에도 똑같이 적용된다.

그렇다고 일화적 증거가 쓸모없다는 말은 아니다. 대부분 우리는 일화적 증거를 이용해 세상을 아주 성공적으로 헤쳐나간다. 그 식당의 음식은 정말 맛있고, 그 영화는 정말 재미있었고, 그 가수의 새 앨범은 형편없다는 등 말이다. 하지만 언론에서 일화적 증거를 입맛대로 걸러내는 경우에는 우연이 발생할 가능성이 커지기 때문에 대체로 일화적 증거는 쓸모가 없어진다.

다음 장에서는 숫자가 커졌을 때 무슨 일이 일어나는지, 그리고 숫자가 커지면 좋아지기는 하는데 아주 조금만 더 좋아지는 이유가 무엇인지 알아볼 것이다.

# 3장

# 표본 크기

무거운 것을 들어 올릴 때 욕을 하면 들기가 쉬워질까? 〈가디언 Guardian〉에 소개된 뉴스에 따르면 그렇다고 한다.[1] 꽤 그럴듯한 말처럼 들린다. 조립식 옷장을 집 안에 설치했다가 여기가 아니다 싶어 위치를 옮기려고 나르면서 욕을 한 바가지 뱉어본 경험이 누구나 한 번쯤은 있을 것이다. 어쩌면 욕을 뱉는 것이 힘을 내는 데 도움이 될지도 모른다.

이 이야기는 킬대학교에서 수행한 연구를 바탕으로 나왔다.[2] 우리는 앞 장에서 사람들의 경험에서 나온 일화적 증거를 바탕으로 보도되는 뉴스가 본질을 호도하기 쉽다는 이야기를 했었다. 하지만 과학연구라면 그래도 그보다는 낫겠지 싶다. 과연 그럴까?

뭐, 그런 편이다.

하지만 과학연구라도 모두 똑같지는 않다.

한 사람의 경험만으로는 확신이 서지 않는다면 몇 명이나 더 필요한 걸까? 이것은 어떤 불변의 법칙이 아니다. 예를 들어 당신이 영국 남성의 키에 대해 알고 싶어 한다고 해보자. 당신은 영국 남성을 한 번도 본 적이 없는 외계인이다. 따라서 영국 남성의 키에 대해서는 전혀 감이 없다. 마이크로미터 단위일 수도 있고, 항성의 크기일 수도 있다. 본 적이 없으니 알 길이 없다.

영국 남성을 한 명도 빠짐없이 키가 작은 순서대로 차례로 세워놓고 키를 재볼 수도 있다. 그럼 완벽한 그림이 나온다. 즉, 키가 아주 작거나 큰 사람은 소수에 불과하고, 평균 키가 제일 흔하다는 사실을 알게 될 것이다. 하지만 외계인들이 최첨단 무기로 위협해서 영국 남자들을 줄 세울 수는 있다고 해도 일일이 다 재보려면 어느 세월에 다 할까 싶다. 그렇다면 그 대신 표본을 추출해볼 수 있다.

표본이란 전체집합을 대표하기 위해 추출한 그 속의 부분집합을 의미한다. 동네 빵집에서 무료로 내놓은 빵을 시식해보면 그 집의 빵 맛을 대충 가늠할 수 있다. 그리고 전자책의 미리보기 장을 읽어보면 그 책의 내용을 대략 파악할 수 있다. 통계에서 사용하는 표본도 그와 같은 일을 한다.

외계인도 그 점을 잘 알고 있으므로 계속 표본을 추출해서 키를 기록한다. 그리고 그것을 바탕으로 간단한 도표를 그린다. 키가 175센티미터인 사람을 발견할 때마다 175센티미터 칸에 스티커를 하나 붙인다. 그리고 180센티미터인 사람을 발견할 때마다 180센티미터 칸에도 스티커를 하나 붙인다.

이 도표를 그래프로 그려보면 측정한 숫자가 많아짐에 따라 그래프에서 어떤 모양이 잡힌다. 스티커가 가운데로 쏠려 있고 양옆으로 가면서 줄어드는, 혹과 비슷한 모양이다. 175센티미터 칸을 중심으로 숫자가 제일 많고, 170센티미터와 180센티미터에는 거의 비슷하게 떨어진 숫자가 나오겠지만, 양극단에는 숫자가 거의 없다. 이 곡선은 영국 남성의 평균 키를 중심으로 하는 정규분포 normal distribution, 그 유명한 '종형 곡선 bell curve'을 이룬다.

수천 명의 키를 측정하면 이 곡선 모양이 분명하게 드러나지만 처음에는 아주 울퉁불퉁하게 나온다. 운이 나빠 예외적으

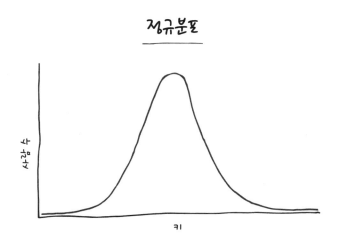

정규분포

로 키가 크거나 작은 소수의 사람을 만난다면 곡선의 모양이 엉뚱하게 나올 것이다. 하지만 전체 인구에서 정말 무작위로 표본을 추출한다고 가정하면, 표본의 크기가 클수록 전체 인구의 평균에 가까운 값을 얻게 된다(표본 추출을 무작위로 하지 않으면 다른 문제들이 생긴다. 4장 '편향된 표본' 참고).

사람들이 평균값과 얼마나 차이 나는지도 고려할 필요가 있다. 평균 키가 175센티미터라고 해보자. 모든 사람이 평균 키와 거의 비슷하고, 소수의 사람만 180센티미터로 크거나 170센티미터로 작다면 종형 곡선이 높고 좁게 나타날 것이다. 만약 145센티미터인 사람도 많고, 205센티미터인 사람도 많고, 그 사잇값에도 사람이 많다면 종형 곡선이 넓고 편평하게 나타날 것이다. 이렇게 데이터 값이 얼마나 다양하게 나타나는지 측정한 값을 '분산variance'이라고 한다.

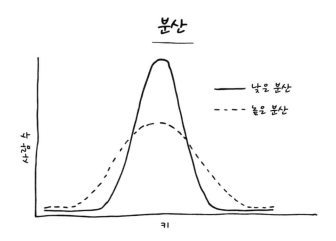

분산의 값이 낮다면 평균에서 크게 벗어난 결과를 볼 가능성이 작고, 그 역도 성립한다.

---

* 이 박스 글을 반드시 읽거나 이해할 필요는 없지만 '표본의 크기'와 '정규분포의 작동방식'을 알고 싶다면 계속 읽어보자.

카지노 게임 크랩스craps는 표본 추출이 어떤 식으로 작동하는지 쉽게 이해할 수 있는 사례다. 이 게임은 간단하게 주사위 두 개를 굴려 그 값을 총합하는 방식으로 진행된다.

주사위 두 개를 굴려 그 수를 더했을 때 나올 수 있는 값은 2에서 12까지 모두 11가지가 있다. 하지만 그 확률이 모두 같지는 않다.

주사위 하나를 먼저 굴린 다음 두 번째 주사위를 굴린다고 가정해보자. 첫 번째로 굴렸을 때 1이 나오면 두 번째 값이 어떻게 나오든, 합이 12가 나올 수는 없다. 그와 마찬가지로 첫 번째 굴렸을 때 1이 아닌 다른 값이 나오면 주사위 두 개 모두 1이 나오는 뱀눈snake-eyes이 나올 수 없다. 첫 번째 굴려서 나온 값은 총합의 값을 X + 1에서 X + 6 사이로 제한한다.

하지만 이것은 첫 번째로 굴려서 나온 값이 무엇이든 여전히 7이라는 값은 나올 수 있다는 의미이기도 하다. 첫 번째에서 1, 두 번째에서 6이 나오면 7이 된다. 첫 번째에서 2, 두 번째에서 5가 나오면 7이 된다. 이런 식으로 이어져 첫 번째에서 6인 경우 두 번째에서 1이 나오면 된다. 따라서 첫 번째 굴렸을 때의 값과 상관없이 7이 나

---

올 확률은 6분의 1이다.

두 개의 주사위를 굴려 나올 수 있는 경우는 총 36가지다. 그중 합쳐서 7이 나오는 경우는 6가지이기 때문에 총합이 7이 나올 확률은 36분의 6, 즉 6분의 1이다. 합쳐서 8이 나오는 경우는 5가지, 합쳐서 6이 나오는 경우도 5가지, 합쳐서 9가 나오는 경우는 4가지, 합쳐서 5가 나오는 경우도 4가지… 이런 식으로 이어진다. 하지만 2나 12가 나올 수 있는 경우는 딱 1가지씩밖에 없다.

이것을 방금 한 것처럼 수학적으로 증명할 수도 있지만, 직접 굴려봐서 입증할 수도 있다. 주사위를 36번만 던져서는 7이나 6이 위에서 설명한 확률과 딱 맞아떨어지는 횟수로 나오지는 않을 것이다. 하지만 주사위를 100만 번 정도 굴려보면 7이 거의 정확하게 6번에 1번꼴로, 뱀눈은 36번에 1번꼴로 나오는 것을 알 수 있을 것이다. 주사위를 두 개 굴려서 7이 얼마나 자주 나오는지 직접 경험해서 알

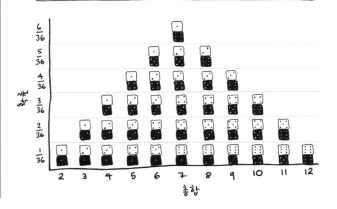

두 개의 주사기 굴러기에서 총합의 확률

아보기로 했다 해보자. 기본 원리는 다음과 같다. 당신이 주사위를 굴리는 횟수가 많아질수록 표본의 크기도 커진다. 즉, 7이 얼마나 자주 나올지 더 자신 있게 예측할 수 있다는 의미다. 주사위를 20번 굴리는 경우, 7이 1번에서 6번 사이로 나오는 것을 95퍼센트의 확률로 볼 수 있다. 이것은 6가지 가능한 결과에 해당하고, 이는 나올 수 있는 결과의 범위에서 25퍼센트 이상을 차지한다.

주사위를 100번 굴리면 95퍼센트 확률 구간은 11번에서 25번 사이다. 가능한 결과 중 단 15퍼센트를 차지한다.

주사위를 1,000번 굴리면 7이 145번에서 190번 사이로 나오는 것을 95퍼센트의 확률로 볼 수 있다. 이제 결과의 범위가 전체 중 불과 4.6퍼센트로 좁혀졌다.

다른 모든 가능한 주사위 값에 대해서도 마찬가지다. 뱀눈이나 양쪽 주사위 모두 6이 나오는 확률은 정확히 36분의 1에 가까워질 것이고, 그 중간값도 마찬가지다.

주사위를 많이 던져 표본의 크기를 키울수록 실제 분포에 가까운 결과를 얻게 된다.


* 이 박스 글을 끝까지 읽은 분들에게 상을 주는 의미로 한 가지 재미있는 사실을 알려주겠다. 영국의 봉쇄령 기간에 조 윅스라는 사람이 자기 집 거실에서 유튜브로 매주 체육활동 수업을 운영했다. 그는 운동에 무작위성을 도입하기 위해 주사위 두 개를 굴려 2에서 12까지 나오는 수에 따라 어떤 운동을 할지 결정하는 방식을 사용했다. 하지만 그는 스타 점프star jump(점프하면서 팔과 다리를 별 모양

으로 쭉 펴는 운동—옮긴이)를 했을 때(2에 해당)보다 버피burpee(서 있다가 손 짚고 엎드리기—옮긴이)를 훨씬 더 많이 하게 되어(7에 해당) 큰 혼란에 빠졌다.[3] 자신의 실수를 깨닫고 나자 그는 주사위 대신 룰렛으로 바꾸었다.

남성의 키 사례를 이번에도 역시 표본 추출이 무작위로 이루어졌다고 가정한다면 평균을 중심으로 단순한 분포를 이루게 된다. 그리고 측정을 많이 할수록 앞에서 나온 주사위 굴리기 사례처럼 표본집단의 분포가 모집단과 점점 닮게 된다.

다른 것을 알아내고 싶다고 해보자. 예를 들면 약을 먹는 사람이 그렇지 않은 사람보다 병이 더 빨리 낫는지를 알고 싶다. 여기서는 한 가지가 아니라, 약을 먹였을 때 얼마나 빨리 낫는지 그리고 약을 먹이지 않았을 때 얼마나 빨리 낫는지, 이렇게 두 가지를 측정하게 된다.

이 두 집단이 차이가 있는지 알고 싶다. 키의 경우와 마찬가지로 여기서도 무작위적인 차이가 존재한다. 무작위로 두 사람만 뽑아서 한 사람에게 약을 먹이고, 한 사람은 먹이지 않으면 약을 먹은 사람이 더 빨리 나은 것으로 나올 수 있다. 하지만 이것은 그냥 그 사람이 체질이 더 건강해서 일어난 일일 수도 있다.

그래서 무작위로 여러 명을 뽑아 두 집단으로 나누고 한쪽은 진짜 약을 주고, 다른 한쪽에는 위약을 준다. 그리고 모집단의 키를 측정할 때처럼 두 집단이 병이 낫는 평균 시간을 측정한다. 이것은 본질적으로 동일한 일을 하는 것이다. 약을 먹은 가상의 모집단에서 표본을 추출하고, 또 약을 먹지 않은 또 다른 모집단에서 표본을 추출한다. 약을 먹은 사람이 평균적으로 더 빨리 나았다면 이것은 약이 병을 빨리 낫게 해준다는 의미다.

그런데 문제는 평균 키를 측정할 때와 마찬가지로 이 경우도 운이 나쁠 수 있다는 것이다. 우연하게도 약을 먹는 집단에 더 건강한 사람이 모집될 수 있다. 그럼 사실은 약을 먹지 않아도 그냥 더 빨리 나았을 사람들인데 마치 약을 먹어서 빨리 나은 것처럼 보일 수 있다.

물론 표본 추출로 모집한 사람이 많을수록 무작위 차이가 결과에 영향을 미칠 가능성은 작아진다. 문제는 얼마나 많이 모집해야 쓸 만한 측정치를 얻을 수 있겠냐는 것이다. 그 답은 경우에 따라 다르다.

이것은 다양한 요인에 좌우되지만 가장 중요한 요인 중 하나는 우리가 관찰하려는 것이 얼마나 미묘한 대상인가 하는 점이다. 개입의 효과가 크지 않은 것일수록 더 많은 사람을 조사해봐야 그 차이를 확인할 수 있다. 전문 용어로는 더 큰 검정력statistical power이 필요해진다. 생각해보면 당연한 일이다. '머리에 총을 맞으면 사람이 죽는가?'라는 의문을 조사하는 데 1만 명이나 되는 표본 크기는 필요하지 않다.

욕설 연구로 다시 돌아와 보자. 욕설이 힘을 발휘하는 데 미치는 영향은 있다고 해도 아마 미미한 영향에 그칠 것이다. 만약 욕설이 확실한 효과가 있었다면 이미 우리도 그 사실을 알아차렸을 테고, 올림픽 역도 경기 중계는 아마도 경기가 다 끝난 다음에 녹화방송으로 편집해서 내보내야만 했을 것이다.

욕설 연구는 두 가지 실험을 별도로 진행해서 서로 다른 방식으로 힘을 측정했다. 한 실험의 참가자는 52명이었고, 다른 한 실험은 29명이었다. 이것이 위에서 기술한 연구 모형과 살짝 다르다는 점을 주목해야 한다. 이 실험에서는 일부 사람에게는 욕을 내뱉으며 무게를 들게 하고, 어떤 사람에게는 욕이 아닌 단어를 외치며 들게 했다. 여기까지는 약 실험과 같다. 하지만 이 실험에서는 두 집단을 서로 바꾸어 욕을 하지 않았던 사람은 하고, 욕을 했던 사람은 하지 않게 했다. 그렇게 양쪽 집단 모두 두 번에 걸쳐 힘을 측정했다. 이것을 피험자 내 설계within-subject trial design라고 부르며, 표본 크기가 작을 때 생기는 문제를 줄여줄 수 있다.

앞에서도 말했지만 정확히 얼마나 큰 표본 크기가 필요한지는 관찰 대상의 미묘함을 비롯해서 몇 가지 요인에 달려 있다. 그리고 무작위로 나타난 결과를 받아들일 가능성을 줄이기 위해 시도할 수 있는 통계적 비법들이 나와 있다.

하지만 경험적으로 볼 때 참가자가 100명이 안 되는 실험에 대해서는 경계하는 것이 옳다. 특히 아주 놀랍거나 애매한 주장을 하기 위해 그런 실험을 이용할 때는 특히 경계해야 한다. 다른 조건이 동일하다면, 연구의 규모가 커질수록 그에 대한 신뢰도 함께 커진다. 욕설을 하면 정말 힘이 세질지도 모르지만, 정말 그런 결론이 나오면 우리도 꽤 놀라게 될 것이다.

이 실험도 그냥 재미있는 이야기에 불과하다. 욕을 해서 힘이 세지든 말든 누가 신경 쓰겠는가? 사실이라면 재미있는 일일 뿐, 삶과 죽음을 가르는 심각한 문제는 아니다.

하지만 모든 경우가 그렇지는 않다. 2020년 전반기에는 코로나19를 치료하거나 예방할 수 있는 방법을 찾으려고 전 세계가 난리가 나서 과학논문과 출판전논문preprint(아직 동료 심사를 거치지 않은 초기 버전의 과학논문)이 인터넷을 가득 채웠다. 그중 한 논문에서 말라리아 치료제인 하이드록시클로로퀸 hydroxychloroquine에 대해 조사해보았다.[4] 이것은 '욕이 힘을 세지게 하는가' 실험과 마찬가지로 대조군 실험이었다(무작위 실험은 아니었지만). 이 내용은 사람들의 관심을 끌었고, 도널드 트럼프가 이 내용을 트위터에 언급하기도 했다.[5] 이 연구에서는 '하이드록시클로로퀸 치료가 코로나19 환자의 바이러스 배출량viral load 감소 및 소실과 유의미한 상관관계가 있다'라고 결론을 내렸다.

이 연구에서는 총 42명의 환자를 살펴보았다. 26명은 치료 집단으로 하이드록시클로로퀸을 투여받았고 16명은 투여받지 않은 대조군이었다. 설사 이 연구가 다른 면에서는 완벽하게 이루어졌다 한들(사실 그렇지 못했다) 표본 크기가 작다는 문제에 여전히 취약점을 노출했을 것이다. 욕설 내뱉기가 실제로 힘을 더 세게 해줄 가능성이 있는 것처럼 하이드록시클로로로퀸이 코로나19에 어떤 효과가 있을 가능성도 있다. 하지만 그렇지 않을 가능성도 있고, 실제로는 오히려 해로울 가능성도 있다. 이 연구로는 대체 어느 쪽인지 알 수 없다. 그런데도 이 뉴스는 전 세계 언론의 헤드라인을 장식했다.

# 4장

# 편향된 표본

2020년 4월, 〈선 Sun〉[1]과 〈데일리 메일〉[2]에 흥미진진한 기사가 실렸다. 코로나19로 인한 봉쇄령 동안 영국인들이 좋아한 간식이 무엇이었는가 하니 (여기서 드럼 소리 좀 부탁한다!) 바로 치즈를 얹은 토스트였다! 유제품을 얹은 따끈한 곡물 제품은 근소한 차이로 치즈앤어니언크리스프 cheese-and-onion crisps를 누르고 22퍼센트의 득표율로 2위를 차지했다. 베이컨 샌드위치(19퍼센트), 초콜릿 케이크(19퍼센트), 치즈와 크래커(18퍼센트) 등이 그 뒤를 이었다.

앞 장에서 우리는 표본의 크기가 작으면 표본에 무작위로 생긴 오류 때문에 엉뚱한 결과가 나올 수 있음을 살펴보았다. 이 간식 순위는 온라인 뱅킹 회사 레이즌 Raisin에서 2,000명을 대상으로 진행한 설문조사를 바탕으로 나온 것이다.[3] 2,000명이나 조사했다니 문제는 없을 것이다. 그렇지 않은가?

하지만 연구가 틀어지는 이유가 표본의 크기가 작은 것에만 있는 것은 아니다. 모집단에서 추출한 표본이 그 모집단을 대표하지 못하는 경우에도 문제가 생긴다.

앞 장에서는 무작위로 사람의 키를 측정해서 모집단의 키를 추정하는 상황을 상상해보았다. 하지만 이번에는 지나가는 사람들의 키를 재는 장치를 농구장 입구에 세워놓았다고 가정해보자. 갑자기 키가 210센티미터가 넘는 사람들이 눈앞을 성큼성큼 걸어간다. 그러면 표본의 평균 키가 갑자기 커질 것이다. 하지만 모집단의 평균 키는 변한 것이 없다.

이것을 표집 편향sampling bias이라고 한다. '편향bias'이라는 단어는 보통 인간에게 적용된다. 예를 들어 심판이 우리 팀에 불리하게 편향된 판정을 내린다거나, 언론이 내가 좋아하는 정당에 불리하게 편향된 경우다. 하지만 통계적 편향도 아주 비슷한 방식으로 작동한다. "영국 역사상 가장 위대한 축구 클럽은 어디입니까?"라는 질문을 던지는 설문조사를 진행했다고 해보자. 이 설문을 먼저 축구클럽 리버풀 FC의 연고지인 안필드 로드에서 한 다음, 이어서 맨체스터 유나이티드 FC의 연고지인 매트 버스비 웨이에서 해보면 결과가 아주 다르게 나올 것이다. 표본이 아주 다르기 때문이다.

편향된 표본은 크기가 작은 표본과는 또 다른 치명적인 문제가 있다. 크기는 작지만 무작위로 추출된 표본은 적어도 데이터만 많아지면 정답에 더 가까워진다. 하지만 편향된 표본은 데이터가 많아져도 도움이 되기는커녕 오히려 오답을 정답이라 확신하게 된다.

예를 들어 2019년 영국 총선거 준비 기간에 당시 노동당 당수였던 제러미 코빈과 영국 총리이자 토리당 당수였던 보리스 존슨이 TV 토론회를 했다.

정치 여론조사 회사인 유고브$^{YouGov}$가 토론회가 끝나고 여론조사를 해보았더니 존슨이 잘했다는 사람은 48퍼센트, 코빈이 잘했다는 사람은 46퍼센트, 잘 모르겠다는 사람은 7퍼센트로(모두 합치면 101퍼센트가 나온다. 이것은 반올림 때문에 생긴 것이다), 토론회의 승자가 누구인지를 두고 의견이 거의 반으로 나뉜 것으로 보고되었다.

이것을 두고 온라인에서 논쟁이 벌어졌다. 빠른 속도로 퍼져나간 한 트윗에서(이 글을 쓰고 있는 시점에서 리트윗이 1만 6,000건을 넘고 있다) 다른 여론조사에서는 아주 다른 결과가 나왔음을 지적한 것이다(다음 쪽 그림 참고).[4]

5건의 여론조사 중 4건에서 코빈이 토론회에서 손쉽게 승리를 거둔 것으로 나왔다. 그와 반대의 결과가 나온 여론조사는 하나밖에 없었고, 표본의 크기도 다른 여론조사에 한참 못 미쳤다. 그런데도 공중파 뉴스 채널에서는 이 여론조사만 인용했다. 이 뉴스 채널이 코빈에게 불리하게 편향되어 있다는 의미일까?

이것은 표집 편향의 사례일 가능성이 크다. 나머지 4건의

**트위터 가이**
**@twitterguy**

브라이튼 인덱스 33,000명 투표
코빈 53%, 존슨 28%

폴 브랜드 ITV 30,000명 투표
코빈 78%, 존슨 22%

마틴 루이스 23,000명 투표
코빈 47%, 존슨 25%

더 타임스 8,000명 투표
코빈 63%, 존슨 37%

유고브 1,646명 설문조사
코빈 49%, 존슨 51%

BBC와 ITV에서는 유고브의 결과만 언급하고 있음

2019년 11월 20일 11:32 AM

♡ 16.1K    ◯ 9.7K People are Tweeting about this

여론조사는 트위터에서 이루어졌다. 트위터 여론조사는 보통 재미로 해보는 것이다. 가끔은 정치적 질문을 하는 데 사용되기도 한다.

문제는 트위터가 모집단을 대표하지 않는다는 것이다. 2017년 연구에 따르면,[5] 영국의 전체 인구 중 트위터를 사용하는 사람은 17퍼센트다.[6] 이들은 전체 인구집단에 비해 나이가 더 어리고, 여성이 더 많고, 중산층이 더 많다. 젊은 사람, 여성, 중산층은 노동당에 투표하는 성향이 영국 전체 인구집단보다 더 강하다(물론 해당 트윗을 보고 거기에 반응한 사람들도 전체 트위터 사용자 집단을 대표하지 않는다).

트위터에서 더 많은 사람에게 물어보아도 도움이 되지 않는다. 여전히 대표성이 없는 표본을 가지고 여론조사를 진행하고 있어서 같은 문제가 계속 이어지기 때문이다. 트위터에서 100만 명을 대상으로 여론조사를 했다고 해도 그것은 여전히 영국 전체 인구가 아니라 트위터 사용자를 대상으로 한 여론조사일 수밖에 없다. 그저 더 정확한 오답을 얻을 뿐이다.

대표성 있는 표본을 추출하기가 아주 까다롭다는 것이 문제다. 트위터에서 설문조사를 하면 트위터를 사용하지 않는 사람은 포함시킬 수 없다. 하지만 어디서 조사하든 똑같은 문제가 생긴다. 인터넷 여론조사를 하면 인터넷을 사용하지 않는 사람을 포함시키지 못한다. 길거리에서 설문조사를 하면 집에 있는 사람을 포함시키지 못한다. 예전에 정치 여론조사 기관에서는 일반 유선 전화를 이용했다. 거의 모든 사람이 유선전화를 갖고 있었고, 모집단에서 무작위로 표본을 추출하기도 아주 간단했다. 그냥 무작위로 번호를 돌리면 됐으니까 말이다. 하지만 요즘에는 이렇게 하면 아주 왜곡된 표본이 추출된다. 유선전화를 갖고 있는 사람은(그리고 모르는 전화번호가 찍혀도 받는 사람은) 그렇지 않은 사람과 유형이 다르기 때문이다.•

여론조사에서 이런 문제를 어느 정도 피해 갈 수 있게 모집단에서 표본을 추출하는 방법이 존재하지만 절대 완벽할 수는 없다. 우선 설문조사를 강제로 진행할 수 없으므로 설문조사를 끔찍하게 싫어하는 사람들까지 포함된 완전한 표본은 절대 얻을 수 없다. 대신 여론조사 기관에서는 다른 작업을 진행한다. 나온 결과에 가중치를 적용하는 것이다.

인구조사 데이터를 통해 전체 인구집단이 50퍼센트의 남성과 50퍼센트의 여성으로 이루어져 있음을 알고 있다고 해보자. 그리고 최대한 대표성 있는 표본을 추출해서 설문조사를 진행한다. 1,000명의 응답자 중에 여성은 400명, 남성은 600명이었다. 설문조사의 질문은 다음과 같았다. "당신은 드라마 〈그레이 아나토미〉를 즐겨보십니까?" 그 결과 400명은 즐겨보고, 600명은 그렇지 않은 것으로 나왔다. 그럼 40퍼센트가 〈그레이 아나토미〉를 즐겨본다고 생각하기 쉽다. 하지만 그 내용을 분석해보면 성별에 의한 왜곡이 존재함을 알게 된다. 여성은 즐겨본다고 대답한 게 100퍼센트인 반면, 남성은 0퍼센트였던 것이다.

40퍼센트라는 결과가 나온 이유는 표본이 모집단을 대표하지 못하기 때문이다. 다행히도 이런 왜곡은 쉽게 바로잡을

● 재미있게도 1936년 미국 선거에서는 이와 반대되는 일이 일어났다. 〈리터러리 다이제스트The Literary Digest〉라는 잡지에서 공화당 후보인 앨프리드 랜든과 프랭클린 루즈벨트의 선거를 앞두고 유권자들을 대상으로 전화 여론조사를 진행했다. 이 여론조사는 240만 명의 유권자를 대상으로 설문조사를 진행해서 랜든이 57퍼센트 대 43퍼센트의 압승을 거두리라 예측했다. 하지만 실제 결과는 랜든이 38퍼센트, 루즈벨트가 62퍼센트로 나왔다. 〈리터러리 다이제스트〉가 전화 여론조사를 시행할 당시 전화기는 값비싼 신기술이어서 주로 부자들만 사용했다. 이것이 조사결과를 심각하게 왜곡시킨 것이다. 여론조사 기관 갤럽Gallup의 창립자인 조지 갤럽은 단 5만 명만 여론조사를 했는데도 훨씬 정확한 결과를 얻어 루즈벨트의 승리를 예측했다.

수 있다. 결과에 가중치를 적용하는 것이다. 전체 인구 중 50퍼센트가 여성이라는 것을 알고 있는데, 이 표본에는 여성이 40퍼센트만 포함되어 있다. 그리고 50은 40보다 25퍼센트 크다. 그럼 400명이 그렇다고 대답한 결과에 25퍼센트를 더해서 500을 만든다.

남성에 대해서도 똑같이 한다. 표본에서는 남성이 60퍼센트지만, 편향 없는 표본이 되려면 50퍼센트라야 한다. 그리고 50은 $60 \times 0.8333 \cdots$에 해당한다. 그럼 가중치 0.8333…을 적용한다.

그래서 600명에 0.8333…을 곱해서 500을 만든다. 이제 가중치를 적용한 결과를 보면 전체 인구 중 정확히 50퍼센트가 〈그레이 아나토미〉를 즐겨보는 것으로 나온다.

이것을 더 섬세한 방식으로 할 수도 있다. 예를 들어 사람들에게 지난 선거에서 어느 당에 투표했는지 물어보았다고 해보자. 실제 선거에서 전체 투표자 중 35퍼센트가 노동당에, 40퍼센트가 보수당에 투표한 것을 알고 있는데 응답자 중 50퍼센트가 보수당에 투표했다는 결과가 나오면, 그에 따라 표본에 새로운 가중치를 적용할 수 있다. 아니면 전체 인구의 연령분포를 알고 있는데 유선전화를 이용하는 바람에 표본에 노년층 응답자가 더 많았다면 거기에 새로운 가중치를 적용할 수 있다.

물론 이렇게 하려면 모집단에 관한 사실을 제대로 알고 있다는 전제가 필요하다. 당신은 남성도 50퍼센트, 여성도 50퍼센트라고 믿고 있는데 실제로는 60 대 40의 비율이라면 당신이 적용한 가중치는 오히려 오류를 가중할 것이다. 하지만 인구조사, 선거 결과 같은 자료를 통해 실상황을 파악할 수 있는 경우가 많다.

다른 방식으로도 표본이 편향될 수 있다. 가장 명백한 경우는 유도질문이다. 예를 들어 600명에게 약을 투여해야 하는지 사람들에게 물을 때, 그 대답은 "약을 투여하면 200명이 목숨을 구할 것입니다"라고 말하느냐, "약을 투여하면 400명이 죽게 됩니다"라고 말하느냐에 따라 달라진다. 논리적으로는 이 두 문장이 같은 것인데도 말이다.[7] 이런 '프레이밍 효과framing effect'는 여론조사에서 나타난다. 예를 들어 예-아니요 질문에서는 '예'라고 말하는 경향이 있다(예를 들어 '정부에서 치료비를 부담해야 합니까?').

그렇다면 처음으로 돌아가 다시 질문해보자. 치즈를 얹은 토스트가 영국 사람들이 제일 좋아하는 간식일까? 글쎄다. 레이즌에서는 대표성 있는 표본을 추출하기 위해 최선을 다했을지도 모른다. 그리고 어쩌면 나이, 성별, 투표 의향에 따라 설문 결과에 가중치를 적용했을지도 모른다. 우리로서는 알 수 없다(우리는 분명 물어봤다! 만약 레이즌에서 답변을 보낸다면 다음 판에서는 그 내용을 업데이트할 것을 약속한다).

하지만 흥밋거리 여론조사를 굳이 그런 부분까지 신경 써가며 진행했을까 싶다. 실제로 그랬다면 오히려 그것이 놀랄 일이다. 아마도 인터넷 설문조사를 돌려서 그런 조사에 응답하는 유형의 사람들로부터 모집단과는 맞지 않는 비율로 응답을 받아 결과를 냈을 것이다.

여기서 문제는 인터넷 설문에 응한 표본집단이 모집단의 간식 취향과 동일하냐는 것이다. 그럴 수도 있지만 결국은 알 수 없는 일이다. 우리가 아는 것은 2,000명의 응답자 중 22퍼센트가 치즈를 얹은 토스트라고 말했다는 점이다. 그 자체로 재미가 있으니 문제될 것은 없다. 이제 그 응답자 2,000명에 대해서는 그런 이야기를 할 수 있지만 전체 모집단에 대해서는 별로 할 수 있는 말이 없을 것이다.

# 5장
# 통계적 유의성

남성들은 여성이 주변에 있을 때 깊은 인상을 남기려고 더 많이 먹을까? 2015년에 나온 〈데일리 텔레그래프 Daily Telegraph〉의 기사 헤드라인에 따르면 그렇다고 한다.[1] 같은 연구가 〈로이터 Reuters〉[2]와 인도의 〈이코노믹 타임스 Economic Times〉[3]에도 실렸다. 이 이야기에 따르면, 남성은 다른 남성과 있을 때보다 여성과 있을 때 피자는 93퍼센트, 샐러드는 86퍼센트 더 먹었다고 한다. 이 주장은 코넬대학교 식품 및 브랜드 실험실의 심리학자인 브라이언 완싱크와 다른 두 연구자의 연구를 바탕으로 나왔다.[4]

지금쯤이면 당신도 우리가 이 책에서 언급하는 이야기 속 숫자들이 모두 신뢰할 만한 것은 아님을 눈치챘을 것이다. 하지만 이 기사는 기자의 잘못이 분명 아니다. 이 문제의 연구는 결국 끔찍하게 잘못된 것으로 밝혀졌다. 이 사례는 과학이 어떨 때 제대로 작동하고 어떨 때 작동하지 않는지 보여준다. 여기서 통계를 믿을 수 없는 이유를 이해하려면, 과학적 관행의 메커니즘에 대해 깊이 파고들어야 한다. 일단 이것을 이해하고 나면 이어지는 장에서 소개할 내용들이 훨씬 더 잘 이해될 것이다.

뉴스에서 과학이나 숫자에 관한 이야기를 들어봤다면 십중팔구는 '통계적 유의성statistical significance'이라는 말을 들어본 적이 있을 것이다. 2019년의 한 연구에 나온 통계적 유의성의 정의를 살펴보자.[5]

> 귀무가설이 참이고 동일한 모집단에서 무작위 표본을 추출해서 무한히 여러 번 연구한다고 가정했을 때, 그 연구 결과 중 현재의 결과보다 더 극단적인 경우가 5퍼센트 미만이면 통계적으로 유의하다.

이런 정의가 도움이 되는가? 이 말의 의미를 더 파고들어 보자.

당신이 무언가를 알아내려 한다고 해보자. 예를 들어 이 책《숫자에 속지 않고 숫자 읽는 법》을 읽으면 뉴스에 나오는 통계를 더 잘 이해할 수 있는지를 알고 싶다고 해보자. 넉넉하게 1,000명 정도의 큰 표본을 추출할 수 있다. 이 표본에는 이 책을 읽은 수백만 명의 독자도 일부 포함되고, 안타깝게도 이 책을 읽지 않은 사람도 일부 포함되어 있을 것이다. (논의를 편리하게 진행하기 위해 이 책을 읽기 전에는 두 집단이 동일한 조건이었다고 가정하자. 물론 실제로는 이 책을 사서 읽는 사람들이 모집단의 나머지 사람들보다 훨씬 똑똑하고 현명하고 얼굴도 예쁘고 잘생겼을 테지만 말이다.)

이어서 표본에 포함된 모든 사람에게 통계 능력을 측정하는 간단한 퀴즈를 풀게 해서 이 책을 읽은 사람이 그렇지 않은 사람보다 통계를 더 잘하는지 살펴본다.

결과 데이터를 살펴보니 이 책을 읽은 사람이 퀴즈를 더 잘 푼 것으로 나왔다고 해보자. 이것이 어쩌다 생긴 요행이 아닌 것을 어떻게 알 수 있을까? 진짜로 실력 차이가 나서 그런 것인지, 그냥 무작위 변동 때문에 그런 것인지 어떻게 알까? 이것을 알아내기 위해 유의도 검정 significance testing 혹은 가설 검증 hypothesis testing이라는 통계 기법을 이용할 수 있다.

우선 책이 그 어떤 효과도 없을 때에 나오게 될 결과를 상상해본다. 이것을 '귀무가설 null hypothesis'이라고 한다. 그리고 다른 가능성, 즉 책이 어떤 긍정적인 효과가 있을 가능성을 '대립가설 alternative hypothesis'이라고 한다.

이것을 시각적으로 확인하는 제일 좋은 방법은 그래프를 그리는 것이다. 귀무가설에서는 3장에서 본 정규분포 곡선처럼 평균 점수 근처에서 정점을 찍고 대부분의 사람이 그 주변에 몰려 있지만, 정말 잘하는 사람과 정말 못하는 사람도 몇 명

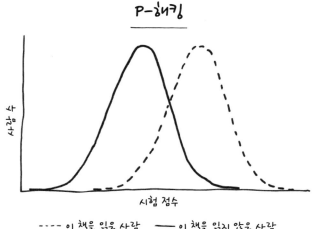

P-해킹

빈도수

시험 점수

---- 이 책을 읽은 사람　——— 이 책을 읽지 않은 사람

있을 것이다. 그리고 책을 읽은 사람의 평균 점수와 분포 곡선도 읽지 않은 사람과 거의 비슷할 것이라 예상할 수 있다.

반면 대립가설에서는 책을 읽은 사람의 평균 점수가 읽지 않은 사람보다 높아야 하고, 분포 곡선도 오른쪽으로 이동해야 한다.

귀무가설에서도, 즉 책이 아무런 효과가 없고 그럴 리는 없지만 심지어 두 집단이 통계 능력이 정확히 동일한 상태에서 시작했다 하더라도, 무작위적인 변동이 나타나기 때문에 상황이 복잡해진다. 어떤 사람은 그냥 그날 컨디션이 안 좋아서 시험을 못 볼 수도 있다. 영화 〈슬라이딩 도어즈Sliding Doors〉를 보면 이런 상황을 상상할 수 있다. 한 우주에서는 귀네스 펠트로가 기차를 놓치고 시험에 지각한다. 허둥거리다가 결국 시험을 망치고 만다. 다른 우주에서는 늦지 않게 도착해서 시험을 잘 치르고 이어서 존 한나와 사랑에 빠진다. 그렇다고 통계 낙제생이 통계 천재가 되는 결과가 나오지는 않겠지만, 시험 결과에 영향을 주기에는 충분할 것이다. 모든 사람의 시험 성적에는 아무리 작아도 어느 정도의 무작위적인 요소가 끼어들 수밖에 없다.

만약 읽지 않은 사람 중 몇 명이 우연히 시험을 특히나 못보고, 읽은 사람 몇몇은 우연히 너무 잘 본 경우에는 평균이 눈에 띄게 변할 수 있다. 그래서 읽은 사람이 읽지 않은 사람보다 통계를 더 잘하는 것처럼 보일 수 있다.

그럼 일단 이유야 무엇이든 당신이 얻은 결과를 보니 이책을 읽은 사람이 읽지 않은 사람보다 시험을 더 잘 치른 것으로 나왔다고 해보자. 그럼 이제 귀무가설이 참일 때, 즉 책을 읽는 것이 아무런 효과도 없고 모든 차이가 무작위로 우연히 생긴 것일 때 이런 결과가 나올 가능성을 따져보아야 한다. 이것이 유의도 검정이다.

귀무가설이 거짓이라고 확실하게 말할 수 있는 기준 같은 것은 존재하지 않는다. 이론적으로는 더할 나위 없이 극적인 결과라 해도 완전히 요행으로 일어난 것일 수 있다. 하지만 차이가 클수록 그것이 요행일 가능성은 작아진다. 과학자들은 우연이 일어날 가능성을 '유의확률probability value', 혹은 'p값p-value'이라는 확률치로 측정한다.

무언가가 무작위 우연에 의해 일어날 가능성이 작을수록

p값도 낮아진다. 만약 아무런 효과가 없는데도 그런 극단적인 결과가 나왔을 가능성이 100번에 한 번이라면 p=0.01, 혹은 100분의 1이 된다(이것은 그 연구 결과가 틀렸을 가능성이 100분의 1밖에 안 된다는 의미가 아니다. 정말 중요한 부분이다. 너무 중요해서 다시 한번 강조한다. 잠시 후 이 부분을 다시 짚고 넘어가겠지만, 여기서도 강조해두는 것이 좋겠다).

여러 과학 분야에서 p값이 0.05 이하이면, 즉 그런 극단적인 결과가 나올 가능성이 5퍼센트 이하일 것으로 예상되면, 그 결과가 '통계적으로 유의하다'라는 의미, 즉 귀무가설을 기각할 수 있다는 의미라고 받아들이는 관습이 있다.

그럼 우리가 받은 결과를 확인해보니, 이 책을 읽은 사람의 평균 점수가 그렇지 않은 사람의 평균 점수보다 실제로 높게 나왔다고 해보자. 만약 이 결과의 p값이 0.05 미만이면 통계적 유의성을 달성했다고 말하고, 귀무가설(이 책이 아무런 효과도 없다는 가설)을 기각하고 대립가설(이 책이 통계 능력을 높여준다는 가설)을 채택하게 된다. p값이 말하는 바는 만약 귀무가설이 참인데 우리가 시험을 100번 진행하면 이 책을 읽은 사람들이 읽지 않은 사람보다 시험을 잘 보는 경우가 5번 미만일 것이라는 뜻이다.

통계적 유의성은 과학자들이 봐도 헷갈린다. 2002년의 한 연구를 보면, 심리학과 학부생들이 통계적 유의성에 대해 100퍼센트 잘못 이해하고 있었다. 더욱 충격적인 부분은 통계를 가르치는 강사 중에서도 90퍼센트가 이를 잘못 이해하고 있었다는 점이다.[6] 또 다른 연구에서는 28권의 심리학 교과서를 살펴보았는데, 그중 25권이 통계적 유의성을 정의하면서 적어도 한 번의 오류가 있었다.[7]

상황이 이러하니 오해가 발생할 수 있는 부분을 분명히 설명해보자. 우선 첫 번째로, 통계적 유의성이라는 것이 임의로 만들어진 관습임을 기억하는 것이 중요하다. p = 0.05에 무슨 마법이라도 존재하는 것이 아니다. 그 값을 더 높게 설정해서 더 많은 연구 결과가 통계적으로 유의하다고 선언할 수도 있고, 더 낮게 설정해서 더 많은 연구 결과가 통계적으로 유의하지 않으니 요행으로 보는 것이 이치에 맞다고 선언할 수도 있다. p값을 높게 설정할수록 거짓 양성false positive의 위험이 커지고, 낮게 설정할수록 거짓 음성false negative의 위험이 커진다. 너무 엄격하게 굴면 이 책을 읽는 것이 통계 능력을 향상하는 데 실제로 효과가 있었는데도 효과가 없었다고 선언할 위험이 커지고, 물론 그 반대도 성립한다.

두 번째로, 연구 결과가 '유의하다significant'라고 할 때, 유의하다는 영어 표현 'significant'는 이 단어의 일반적 의미인 '중요하다'라는 뜻이 아니다. 예를 들어 이 책을 읽지 않은 집단의 평균 점수는 65점이고, 이 책을 읽은 집단의 평균 점수는 68점일 때 이 차이가 '통계적으로 유의'할 수는 있지만, 별 차이가 아니라고 생각할 수 있다. 통계적 유의성이란 무언가가 요행으로 일어났을 가능성을 측정하는 것이지, 그것이 얼마나 중요한지 측정하는 것이 아니다.

세 번째로, 아주 중요한 부분이 있다. 연구 결과에서 $p = 0.05$가 나왔을 때 이것은 가설이 틀렸을 가능성이 20분의 1밖에 안 된다는 의미가 아니라는 것이다. 이런 오해가 굉장히 흔하고, 과학이 실수를 저지르는 이유 중에서 큰 비중을 차지하고 있다.

문제는 $p \le 0.05$의 통계적 유의성은 완전히 임의적인 기준인데도 과학자들, 더 중요하게는 기자들이 이것을 절대적인 커트라인으로 취급할 때가 많다는 점이다. 연구 결과에서 $p = 0.049$가 나오면 논문을 발표할 수 있다. 하지만 $p = 0.051$이 나오면 발표가 안 될 수도 있다. 과학자들은 연구비를 지원받고 종신교수직을 받으며 경력을 이어가기 위해서는 연구를 논문으로 발표해야 한다. 그래서 통계적으로 유의한 결과를 내야 한다는 압박이 대단히 크다.

다시 책 읽기 실험으로 돌아가보자. 우리는 이 책이 통계 실력을 향상시켜준다는 것을 보여주고 싶은 마음이 간절하다. 그래야 〈선데이 타임스Sunday Times〉 베스트셀러 목록에 이 책을 올리고 멋진 칵테일 파티를 즐길 수 있을 테니까 말이다. 하지만 실험을 진행해보니 겨우 $p = 0.08$이 나왔다.

우리는 그냥 이번에는 운이 안 좋아서 그런 거라 생각한다. 그래서 실험을 다시 진행해본다. 이번에는 0.11이 나왔다. 그럼 다시, 또다시 실험을 진행해서 결국 0.04가 나온다. 만세! 우리는 그 결과를 발표하고, 이제 이 책의 인세로 평생 먹고산다. 하지만 이것은 거짓 양성임이 거의 확실하다. 실험을 25번 진행하면 25번에 한 번꼴로 요행의 연구 결과가 나오리라 예상할 수 있기 때문이다.

이런 방법만 있는 것이 아니다. 데이터를 아주 여러 방식으로 쪼갤 수도 있다. 예를 들어 점수만 측정하지 않고, 사람들이 얼마나 빨리 시험을 마쳤는지, 손글씨가 얼마나 깔끔한지도 측정할 수 있다. 만약 이 책을 읽은 사람의 점수가 더 높게 나오지 않으면, 시험을 더 빨리 마쳤는지 여부를 확인해본다. 거기서도 별다른 것이 나오지 않으면 손글씨 쓰기 능력이 향상됐는지 여부를 확인한다. 아니면 더 극단적인 결과들을 이상치異常値,outlier라 부르며 빼버릴 수도 있다. 이런 식으로 아주 여러 번 측정하고, 아주 여러 가지 방식으로 결과들을 조합하고, 일견 합리적이라 보이는 방식으로 데이터를 수정하다 보면 결국에는 순전히 우연만으로도 무언가를 찾아낼 수 있다.

남성이 여성들에게 깊은 인상을 남기기 위해 더 많이 먹는다고 했던 이야기로 되돌아가보자. 2016년 말에 주 저자인 완싱크는 블로그에 한 게시물을 남긴다. 그리고 이것으로 인해 그의 경력은 완전히 침몰된다. 사람들은 이 게시물을 "절대 '아니요'라고 말하지 않았던 대학원생"이라 불렀다.[8]

완싱크는 자기 연구실에 새로 온 터키인 박사학위 대학원생에 대해 적었다. 그의 말로는 자체적으로 자금을 조달해서 연구를 진행했다가 무위 결과null result가 나와 실패한 연구의 데이터 세트를 그 대학원생에게 주었다고 한다(이것은 원하는 만큼 마음껏 먹을 수 있는 이탈리아 뷔페에서 진행된 연구로, 사람들에게는 반값의 식사비만 청구했다). 완싱크는 무언가 건질 것이 있을지도 모른다는 생각에 그 대학원생에게 데이터를 철저하게 검토해 보라고 지시했다.

그의 지시에 그 대학원생은 수십 가지 서로 다른 방식으로 데이터를 재분석해보았다. 그리고 수많은 상관관계를 찾아냈다. 이런 식으로 뒤지면 상관관계가 나올 수밖에 없다는 것을 이제 독자 여러분도 알 것이다. 위에서 소개한 이 책을 읽는 독자에 대한 가상 실험에서 우리가 $p < 0.05$라는 결과가 나올 때까지 마음대로 데이터를 쪼개 보았던 것과 똑같은 방식이었다. 그 대학원생과 완싱크는 이 데이터 세트에서 나온 결과를 가지고 다섯 편의 논문을 발표했다. 그중에 '남성이 여성에게 깊은 인상을 남기려고 많이 먹는다'는 연구도 포함되어 있었다. 그 연구에서 두 사람은 남성이 여성과 있을 때 피자를 더 많이 먹는다는 것에 대해서는 0.02의 p값을, 샐러드에서는 0.04의 p값을 얻었다.

하지만 이 블로그 게시물이 과학자들에게 경종을 울렸다. 이런 행동을 'p-해킹'이라고 한다. 이것은 데이터를 조작해서 p값을 논문 발표가 가능한 기준인 0.05 아래로 낮추는 행동이다. 방법론 쪽으로 능통한 연구자들이 완싱크의 예전 논문들을 철저하게 검토하기 시작했다. 그리고 한 정보원이 그의 이메일들을 〈버즈피드 BuzzFeed News〉의 탐사과학기자인 스테파니 리에게 흘렸다. 알고 보니 그가 대학원생에게 '남성, 여성, 점심

식사를 하러 오는 사람, 저녁식사를 하러 오는 사람, 혼자 앉아 있는 사람, 2명이 함께 식사하는 사람, 2명 넘게 함께 모여 식사하는 사람, 술을 주문한 사람, 탄산음료를 주문한 사람, 뷔페 테이블에 가깝게 앉은 사람, 뷔페 테이블에서 떨어져 앉은 사람' 등으로 데이터를 쪼갤 것을 주문한 것이 밝혀졌다.[9]

완싱크의 이전 논문에서도 다른 방법론적 문제들이 발견됐고, 다른 메일을 통해 부정한 통계적 관행이 드러났다. 한 메일에서 그는 "이 데이터에서 더 많이 뽑아내야 해. … 데이터를 뒤져서 통계적 유의성과 좋은 이야기를 뽑아내는 것이 좋을 것 같네"[10]라고 제안하기도 했다. 그는 자신의 연구로 크게 한 건 하기를 원했다.

이것은 극적인 사례다. 그보다 덜 극적인 p-해킹은 항상 일어나고 있다. 보통은 악의 없이 일어난다. 학자들은 $p < 0.05$를 이끌어내기 위해 필사적이다. 그래야 논문을 발표할 수 있기 때문이다. 그래서 실험을 다시 해보거나 데이터를 다시 분석해본다. '재현 위기replication crisis'라는 말을 들어본 사람도 있을 것이다. 재현 위기란 심리학이나 다른 학문 분야에서 이루어진 중요한 발견 중 다른 과학자들이 그 연구 결과를 재현해보려고 하면, 그런 결과가 나오지 않는 경우가 많은 상황을 일컫는다. 이것은 과학자들이 이런 문제를 정확히 이해하지 못해서 생긴 결과다. 이들은 통계적으로 유의한 결과가 나올 때까지 데이터를 계속 쪼개고 연구를 반복해본다. 그렇게 하는 것이 자신의 연구를 무의미하게 만들고 있음을 깨닫지

못하는 것이다. 이 부분에 대해서는 15장에서 더 이야기해보겠다.

통계적인 마인드를 갖춘 양심적인 연구자와 경험 많은 과학기자들이 완싱크의 행동을 밝히는 데는 몇 달의 시간이 걸렸다. 과학에 대한 기사를 쓰는 기자들은 대부분 언론을 대상으로 나오는 보도자료의 뉴스거리를 그때그때 받아서 쓴다. 그래서 이들이 데이터 세트를 확보한다고 해도 p-해킹을 찾아낼 수 없다. 그리고 보통은 데이터 세트를 확보하지도 못한다. p-해킹을 한 연구는 불공평한 이점을 누린다. 연구 결과가 참일 필요가 없기 때문에 흥미진진한 내용으로 채우기가 더 쉽고, 그렇다 보니 뉴스에서도 잘 다뤄준다.

독자들이 뉴스를 보고 이런 p-해킹을 찾아내기는 쉽지 않다. 하지만 무언가가 통계적으로 유의하다고 해서 그것이 곧 의미 있고 중요하다거나 진실이라는 의미는 아님을 유념해야 한다.

# 6장
# 효과크기

스크린 시청 시간에 대해 얼마나 걱정해야 할까? 지난 몇 년 동안 온갖 극적인 주장들이 나왔다. 특히 아이폰이 한 세대를 말살했다거나[1], 여자아이들에게 소셜미디어 사용은 헤로인 마약보다 더 해롭다는(그 후로 이 주장은 기사에서 내려졌다)[2] 주장도 나왔었다. 막강한 과학을 통해서 보면 이런 것을 걱정할 이유가 별로 없어 보이지만,[3] 이런 분야는 좋은 데이터를 구하고 가짜 상관관계를 피해야 하는 문제가 곳곳에 늪처럼 도사리고 있어서 연구를 진행하기가 대단히 골치 아프고 어렵다.

사람들이 크게 주목하고 있는 한 분야가 있다. 바로 스크린 시청과 수면 사이의 상관관계다. 2014년에 등장한 한 헤드라인 기사에서는 다음과 같은 과격한 주장을 실었다. "잠자리에 들기 전에 스크린으로 책을 읽는 행동이 당신을 죽일 수도 있다."[4] 이것은 〈미국국립과학원회보 Proceedings of the National Academy of Sciences〉에 실린 한 연구를 바탕으로 나온 기사였다.[5]

그 개념은 간단했다. "수면 시간이 충분하지 못하면 건강에 좋지 않다. 그런데 스크린으로 책을 읽으면 수면의 양이 줄어든다. 따라서 스크린으로 책을 읽으면 죽을 수도 있다"라는 논리였다.

제일 중요한 것부터 살펴보자. 이 연구는 실제로 스크린 이용 시간이 수면의 양과 관련이 있음을 밝혀냈다. 참가자들에게 자기 전 하룻밤에는 전자책을 읽고, 또 다른 밤에는 인쇄된 종이책을 읽으라고 했다. (어느 한쪽을 먼저 읽는 것이 결과에 영향을 미칠 가능성도 염두에 두고 이 순서를 무작위로 섞어서 어떤 사람은 종이책을 먼저 읽고, 어떤 사람은 전자책을 먼저 읽게 했다.)

그 결과 $p < 0.01$로, 통계적으로 유의한 결과가 나왔다. 5장에서 보았듯이 이것의 의미는 실제 효과가 전혀 없다면 실험에서 이런 극단적인 결과가 나오는 경우가 한 번 미만으로 예상된다는 뜻이다. 그렇긴 해도 이것은 참가자가 12명에 불과한, 대단히 소규모의 실험이었다. 3장에서 보았듯이 표본 크기가 작으면 이상한 결과가 나올 수 있다. 하지만 때로는 연구 규모가 작은 경우도 주의해서 취급하기만 하면 올바른 연구 방향을 가늠하는 데 유용하게 사용될 수 있다.

이 역시 5장에서 보았듯이 '통계적으로 유의하다'고 해서 '중요하다'는 의미는 아니다. 연구 결과가 통계적으로 유의하다는 것은 진짜일 가능성이 크다는 것에 불과하다. 또 한 가지 고려해야 할 부분이 있다. 효과크기effect size(연구되는 현상이 실제로 모집단에 존재하는 정도 – 옮긴이)다. 편리하게도 '통계적 유의성'과 달리 효과크기는 말뜻 그대로 효과의 크기를 의미한다.

아직도 책 이야기를 하고 있으니 이 책을 읽은 사람들에 대해 살펴보았던 5장의 가상 실험으로 돌아가보자. 이번에는 실험을 살짝 달리해서 이 책을 읽은 사람 500명과 이 책의 수준에는 못 미치지만(?) 조지 엘리엇의 소설《미들마치Middlemarch》나《윌리엄 셰익스피어 전집》같은 책을 읽은 500명과 비교해보려고 한다. 그리고 통계 능력에 미치는 영향을 측정하는 대신 언제 잠이 들었는지를 측정해서 어느 집단이 다른 집단보다 더 늦게까지 깨어 있었는지 살펴보려 한다.

결과를 받아보니 명확했다. 이 책을 읽은 500명 모두 다른 책을 읽은 500명보다 더 늦게 잠들었다.

이것이 통계적으로 유의한 결과임은 두말하면 잔소리다. 그 차이가 얼마인지 알지 못하는 상태라고 해도 이런 일이 우연히 일어났을 확률은 천문학적으로 작다. 그 확률은 1을 우주에 들어 있는 원자의 수보다도 훨씬 큰 어떤 수로 나눈 값 정도로 작다. 이 연구가 제대로 이루어졌다고 한다면 이것이 실제 효과가 아닐 리가 없다.

이번에는 그 효과크기가 얼마나 큰지 상상해보자. 우리는 이 책을 읽은 500명 모두 실제로 더 늦게 잠이 들었다는 것을 알게 되었다. 정확히 1분 늦게 잠들었다.

이것은 실제 효과이다. 통계적으로 유의하다. 하지만 당신의 삶에는 아무런 영향도 미치지 않는다. 만약 수면의 질 개선에 도움이 될 만한 정보를 구하고 있다면 이 연구 결과는 당신에게 아무런 쓸모도 없다.

통계적으로 유의한지 여부가 과학자들에게는 큰 관심사가 될 수 있다. 무언가가 다른 무언가와 상관관계가 있음을 알게 되면, 그 상관관계를 조사해서 그 뒤에 숨어 있는 메커니즘을 밝힐 수 있을지도 모른다. 예를 들어 스크린 시청 시간이 수면에 미치는 효과가 진짜 있다면, 그 효과가 작다고 해도 일주기 리듬circadian rhythm의 작동 방식에 대해 무언가 알아낼 수 있다. 스크린에서 나오는 블루라이트가 생체 시계를 재설정하는데 도움이 되는지에 대해서 말이다. 이런 식으로 연구가 진행되다 보면 또 다른 흥미로운 발견이 있을 수 있다. 작은 효과라해도 중요할 때가 있다. 사이클 선수단이 더 완벽하게 둥근 바퀴를 만드는 법을 찾아낸다면 킬로미터당 사이클 주행 속도를 수천분의 1초 정도 단축할 수 있을지도 모른다. 이것이 금메달과 은메달을 가르는 차이를 만들 수도 있다.

하지만 세상을 이해하고 그 안에서 직면하게 될 위험과 어려움을 헤쳐나갈 방법을 이해하려고 애쓰는 독자들의 입장에서 보면, 두 현상 사이에 통계적으로 유의한 상관관계가 존재하는지 자체는 학문적 흥밋거리에 불과하다. 예를 들어 배우자의 잠을 방해하지 않도록 조명을 끄고 종이책 대신 전자책으로 책을 읽고 싶을 수도 있다. 그 둘 사이에서 연관성을 찾아낼 수 있는지는 당신의 관심사가 아니다. 그 연관성이 얼마나 큰지가 관심사다.

자기 전에 스크린으로 책을 읽는 효과가 얼마나 클까? 사실 그다지 크지 않다. 연구 참가자들에게 자기 전 4시간 동안 종이책이나 전자책을 읽게 했다(무려 4시간이다!). 그리고 전자책을 읽은 날 밤에 참가자들은 평균 10분 정도 늦게 잠이 들었다. "자기 전에 스크린으로 책을 읽으면 죽을 수도 있다"라는 주장이 설득력을 갖기에는 힘들어 보이는 결과다. 매일 밤 10분씩 수면 시간이 줄어든다면 문제가 될지도 모른다. 하지만 매일 밤 침대에서 4시간씩 책을 읽는 사람이 누가 있단 말인가?

나중에 젊은 사람들을 대상으로 훨씬 큰 규모로 연구가 진행됐는데, 흥미롭게도 거의 동일한 결과가 나왔다. 스크린 사용과 수면 사이에 상관관계가 나온 것이다. 하지만 그 효과는 크지 않았다.[6] 스크린 사용 시간이 1시간 추가되면 수면 시간이 3분에서 8분 정도 줄어드는 상관관계가 나타났다. 이것은 데이터 안에 존재하는 큰 편차를 가리고 있는지도 모른다. 혹시 대부분의 아동과 청소년은 영향을 받지 않는데 몇몇이 아주 큰 영향을 받고 있을지도 모를 일이다. 하지만 잠자리에 들기 전에 스크린 사용을 전면적으로 금지한다고 해도 전체적인 수면 습관 개선에 그리 큰 도움이 될 것 같지는 않다.

신문이나 뉴스에서 통계적 유의성뿐만 아니라 효과크기에 대해 이야기하는 데도 익숙해졌으면 좋겠다. 기술적인 부분까지 자세히 따지고 들어갈 필요 없이 그냥 "자기 전 4시간 동안 책을 읽는 것이 10분 정도의 수면 손실과 상관관계가 있는 것으로 나타났습니다"라는 정도로만 이야기해줘도 독자들은 이것이 신경을 써야 할 문제인지 판단하는 데 필요한 정보를 얻을 수 있을 것이다. 그리고 독자들은 상관관계 여부(베이컨을 먹으면 암에 걸리는가?)뿐만 아니라 그 상관관계가 얼마나 큰지도(20년 동안 매일 베이컨을 먹으면 암에 걸릴 확률이 얼마나 될까?) 눈여겨보아야 한다. 만약 기사 어디에도 그 부분에 대한 언급이 없으면 상관관계, 즉 효과가 아주 미미하고, 그 기사 내용이 보기만큼 흥미롭지 않은 이야기일 가능성이 크다.

7장

# 교란변수

지난 몇 년간 전자담배를 두고 수많은 논란이 있었다. 대부분의 금연단체와 암 자선단체에서는 전자담배를 훌륭한 금연법이라 생각했지만, 이것 역시 몸에 해롭고 사람들에게 오히려 흡연을 조장한다고 생각하는 사람도 있다. 그리고 2019년에는 전자담배를 피우는 아동은 대마초를 할 확률이 더 높다는 보고가 나왔다.[1]

이 주장은 〈미국의학협회지 소아과학저널 JAMA Pediatrics〉에 실린 한 논문을 바탕으로 나왔다. 이 논문은 21편의 다른 논문들을 살펴본 후에 그 결과를 종합한 연구를 다룬 것이다.[2] 다른 연구들을 모아 집대성하는 이와 같은 연구를 '메타분석 meta-analysis'이라고 한다. 이 메타분석에서는 전자담배를 피우던 만

12세에서 17세 사이의 청소년은 대마초를 피울 확률이 약 3배 정도 높다는 것을 밝혀냈다.

바로 앞 장에서 효과크기에 대해 살펴보았는데, 이 정도면 꽤 큰 차이로 보인다. 다음 장에서 인과관계를 밝히는 일의 어려움에 관해 이야기할 테지만 이 사례는 분명 고민할 만한 일이다.

하지만 어떤 두 가지 현상, 이 사례처럼 전자담배와 대마초 사용 사이에 강한 상관관계가 보일 때, 염두에 두어야 할 부분이 있다. 그 두 가지와 상관관계가 있는 또 다른 것이 있지는 않은가? 이 또 다른 무언가를 '교란변수confounding variable'라고 한다.

무슨 말인지 모르겠다면 사례를 살펴보자. 전 세계 비만 관련 연간 사망률은 연간 이산화탄소 배출량과 상관관계가 있다고 한다.[3]

그렇다면 이산화탄소가 사람들을 뚱뚱하게 만든다는 말인가? 아마도 아닐 것이다. 그보다는 세상이 부유해지고 있고, 따라서 사람들도 부유해지고 있고, 고열량 식품과 자동차나 전자장치처럼 이산화탄소 배출량이 많은 제품을 구매할 수 있는 돈이 많아졌다는 의미일 것이다. 이런 부분을 고려하면 이산화탄소 배출량과 비만 사이의 연결고리는 아마도 사라질 것이다. 세 번째 변수인 국내 총생산GDP이 양쪽 사이의 연결고리를 설명해줄 수 있다.

또 하나의 고전적 사례는 아이스크림과 익사의 상관관계

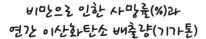

## 다중변수

### 비만으로 인한 사망률(%)과 연간 이산화탄소 배출량(기가톤)

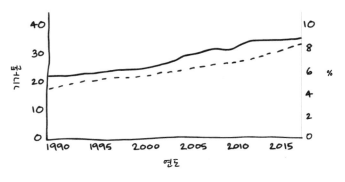

- - - - 비만으로 인한 사망률(%)
───── 연간 이산화탄소 배출량(기가톤)

다. 아이스크림 판매량이 올라가는 날에는 익사 건수도 늘어난다. 하지만 분명 아이스크림이 사람을 익사시키지는 않는다. 대신 무더운 날에는 시원한 아이스크림을 찾기 때문에 판매량이 증가한다.

물놀이도 마찬가지다. 물놀이를 하면 안타깝게도 익사 사고가 발생한다. 일단 기온에 대해 조정하면(통계학 용어로는 '통제control'하면) 아이스크림과 익사 사이의 연결고리가 사라진다. 따라서 추운 날에만 혹은 무더운 날에만 아이스크림 판매량과 익사 사고를 살펴보면 연결고리가 보이지 않는다.

효과크기에 대해 이야기할 때는 이 부분이 중요하다. 한 변수가 또 다른 변수와 강력하게 연관되어 있는 것처럼 보일 수 있다. 예를 들면 전자담배와 대마초 사용이 그렇다. 하지만 이런 효과가 정말 존재하는 것인지, 아니면 사실은 또 다른 어떤 변수, 즉 교란변수에 의해 야기된 것인지 밝히기는 어렵다.

전자담배 메타분석에서 살펴본 연구들은 나이, 성별, 인종, 부모의 교육 수준, 흡연, 약물 사용 등 교란변수로 작용할 수 있는 것들을 실제로 통제했다. 그리고 논문마다 차이가 있었다. 어떤 논문은 다른 연구보다 더 강한 상관관계를 찾아냈다. 예를 들어 성별, 인종, 부모의 교육 수준을 통제한 한 논문에서는 큰 상관관계를 찾아냈다. 그래서 전자담배를 피우는 사람은 그렇지 않은 사람보다 대마초를 할 확률이 10배 정도 높았다.[4]

하지만 대부분의 연구에서 살펴보지 않은 한 가지 교란변수 후보가 있었다. 청소년은 원래 나이 든 사람보다 위험한 행동이나 흥밋거리를 추구하는 성향이 있다. 말년이 된 점잖은 사람들도 지금이라면 꿈에도 생각해보지 않을 말도 안 되는 행동을 청소년 때 했던 기억이 있을 것이다.[5] 대마초 피우기나 전자담배 피우기 모두 '위험한 행동'에 해당한다.

물론 모든 청소년이 다 똑같지는 않다. 어떤 청소년은 다른 친구들보다 위험한 행동을 싫어한다. 전자담배를 피우는 청소년은 담배, 술, 마약을 함께 할 가능성이 있다. 이것이 새삼스러운 일은 아니다.

흥미롭게도 이 논문에서 검토한 연구 중 두 개가 이와 비숫한 것을 살펴보고 있었다. 이 연구는 '자극추구성향sensation-seeking'을 통제했다. 이것은 자극적이고 흥미진진하고 새로운 경험을 추구하려는 욕망으로 정의되는 성격이다.[6] 설문조사로 판단하는 자극추구성향 척도에서 높은 점수를 받은 사람은 위험한 스포츠나 고속 운전 같은 데 관심이 많고, 음주와 향정신성 마약을 즐기는 성향이 있다(놀랄 일은 아니지만 자극추구성향은 10대와 20대 초반에 정점을 찍고, 여성보다 남성에서 더 높게 나온다).

전자담배 흡연과 대마초 사용 사이의 상관관계를 조사할 때 자극추구성향을 함께 고려한 이 두 연구에서는 다른 연구와 다른 결과가 나왔다. 그중 한 연구에서는[7] 1.9배 높은 것으로 나왔다. 나머지 다른 연구에 비하면 아주 낮은 수치다. 그리고 또 다른 연구에서는[8] 아무런 상관관계도 나오지 않았다(사실은 살짝 더 낮다고 나왔다). 이 두 논문이 다른 연구들에 비해 이렇게 낮은 값이 나온 데는 자극추구성향이라는 변수를 통제했다는 사실이 한몫했을 것이다.

잠재적 교란변수를 통제함으로써 진정한 효과크기에 더 가까이 다가갈 수 있다. 올바른 대상을 통제했는지, 통제해야 할 것을 놓치지 않았는지, 21장에서 '충돌 편향collider bias'을 다루며 살펴보겠지만 통제하지 말아야 할 것을 통제하지는 않았는지 확신하기는 어렵다.

전자담배 흡연과 대마초 사용 사이에 아무런 상관관계가 없다는 말은 결코 아니다. 그럴듯한 설명도 있다. 저자인 우리의 생각으로는 발달 중인 뇌에 니코틴이 영향을 미쳐 자극추구성향을 실제로 강화할 가능성도 있다고 본다. 물론 전자담배가 그렇게 큰 영향을 미친다는 것은 설득력이 떨어지고, 기존에 존재하던 자극추구성향의 차이가 중요해 보이기도 하지만 이런 추정이 옳을지도 모른다.

하지만 보편적인 규칙이 있다. 뉴스에서 X가 Y와 연관되어 있다는 이야기가 나오면, X가 Y를 야기했다거나 Y가 X를 야기했다는 의미라고 덮어놓고 가정하지 말아야 한다는 것이다. 양쪽 모두를 야기한 숨은 변수 Z가 존재할지도 모른다.

---

* 이 박스 글을 반드시 읽거나 이해할 필요는 없지만 '통계적 회귀 statistical regression'가 어떤 것인지 알고 싶다면 계속 읽어보자.

이전에 통계적 회귀라는 말을 들어본 사람도 있을 것이다. 아주 전문적인 용어처럼 들리지만, 알고 보면 꽤 간단한 개념이다.

예를 들어 사람의 키가 사람의 체중과 관련이 있는지 알아보고 싶다고 해보자. 모집단에서 무작위로 대규모 표본을 추출해서 키와 체중을 측정하고 X축은 키, Y축은 체중으로 그래프를 그려 각각의 사람마다 데이터를 그래프 위의 점으로 옮겼다. 즉, 키가 큰 사람일수록 오른쪽에, 체중이 많이 나가는 사람일수록 위쪽에 자리 잡게 된다. 따라서 키가 아주 작고 가벼운 사람은 왼쪽 아래에 위치하게 된다. 키가 크고 무거운 사람은 오른쪽 위에 위치하게 된다.

분명한 패턴이 드러나는지 확인하기 위해 그래프를 보았다. 데이

---

터가 위쪽으로 경사져 올라가는 것이 보인다. 즉, 키가 큰 사람은 체중도 많이 나가는 경우가 많다. 이것을 양의 상관관계 positive association, positive correlation이라고 한다. 이것은 하나가 올라가면 다른 하나도 함께 올라가는 경향이 있다는 의미다. 반면, 하나가 올라가면 다른 하나는 내려가는 것을 음의 상관관계 negative association라고 한다. 만약 점들이 명확한 추세 없이 여기저기 흩어져 있으면 상관관계가 존재하지 않는다고 말한다.

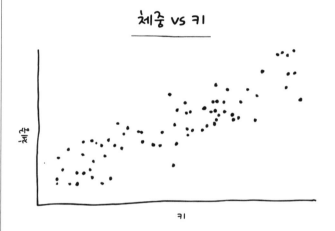

이번에는 추세를 표시하기 위해 데이터를 관통하는 선을 그리고 싶다고 해보자. 어떻게 그리고 싶은가? 눈대중으로 그려도 꽤 그럴듯한 결과가 나올 것이다. 하지만 '최소자승법 least squares method'이라는, 수학적으로 더 정확한 방법이 있다.

그래프 위에 직선을 그린다고 해보자. 그 선이 점 몇 개를 지나가기는 하겠지만 대부분은 선의 위나 아래에 있을 것이다. 각각의 점이

선과 수직적으로 떨어진 거리를 '오차error', 혹은 '잔차residual'라고 한다. 각각의 잔차 값을 취해서 제곱한다(이렇게 하면 일부 값이 음수로 나오는 문제가 해결된다. 어떤 수를 제곱하면 항상 양수가 나오기 때문이다). 그리고 그 값을 모두 더한다. 이 값을 '잔차 제곱의 합sum of squared residuals'이라고 한다.

제일 낮은 잔차 제곱의 합을 갖도록 그린 선을 최적선line of best fit 이라고 한다. 위의 그래프에서는 이 선이 다음과 같은 모습으로 나온다.

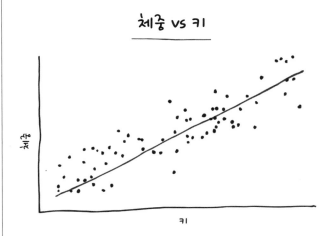

이 선을 이용하면 예측할 수 있다. 그리고 잔차의 값이 작을수록(제곱의 합이 낮을수록) 예측도 정확해진다. 새로운 사람의 키와 체중을 측정할 때는 그 값이 이 선 위에, 혹은 그 가까운 곳에 떨어질 것이라고 예측할 수 있다. 혹은 누군가의 키를 알면 체중을 예측해볼 수 있다. 예를 들면 한 사람의 키가 172센티미터일 때, 선만 보면 체중은 76킬로그램 정도 될 거라고 예측할 수 있다(그 반대도 가능하다. 체중을 알면 키를 추측할 수 있다. 하지만 이 경우는 선을 다르게 그려서 수평적인 오차를 측정해야 한다. 여기서 거기까지 더 들어갈 필요는 없을 것 같다).

여기서 키만으로 그 사람의 체중을 정확하게 예측할 수는 없다는 점을 유념해야 한다. 운동을 얼마나 하는지, 술을 얼마나 마시는지, 일주일에 파이를 몇 개 먹는지 등 다른 요인도 체중을 예측하는 데 도움을 줄 것이다. 이런 변수들까지 모두 더하면 키가 체중에 미치는 진정한 효과를 더 정확히 파악할 수 있다. 이것이 이 장에서 논의했던, 또 다른 변수에 대한 통제다. 교란변수를 통제하지 않으면 상관관계를 과소평가 혹은 과대평가할 수도 있고, 상관관계가 없는 곳에서 상관관계를 발견할 수도 있다.

# 8장
# 인과관계

콜라를 마시면 주먹싸움을 하게 되는가? 얼음처럼 차가운 환타를 마시고 나면 누군가를 유리잔으로 내리치고 싶은 걷잡을 수 없는 욕구를 느끼는가?

2011년에 나온 한 기사의 헤드라인에 따르면 그런 사람도 있나 보다. 무시무시한 젊은이들 말이다. 〈데일리 텔레그래프〉에서는 이렇게 말했다. "탄산음료가 청소년들을 폭력적으로 만든다."[1] 〈더 타임스〉도 이렇게 맞장구쳤다. "연구자들에 따르면 탄산음료가 청소년들을 더 폭력적으로 만든다고 한다."[2]

이 헤드라인 뉴스들은 〈부상 예방Injury Prevention〉이라는 학술지에 나온 연구를 바탕으로 한 것이었다.[3] 이 연구에서는 다음과 같은 결론을 내렸다. "일주일에 탄산음료를 5캔 넘게 마시는 청소년들은 무기를 소지하고 다닐 확률이 유의미하게 높았고, 또래나 가족, 연인에게 폭력적인 성향을 나타냈다." 이럴 확률이 10퍼센트 정도 더 높게 나왔다고 한다.

하지만 여기서 사용하는 언어에 주목할 필요가 있다. 〈부상 예방〉 학술지에서는 콜라를 마시는 사람이 폭력성을 보일 확률이 더 높다고 말하고 있다. 반면 신문에서는 탄산음료가 청소년을 더 폭력적으로 만든다고 말했다.

여기에는 중요한 차이가 있다. 이 연구에서는 앞서 이야기했던 상관관계를 발견했다. 한 변수의 값이 올라갔을 때 다른 변수도 함께 올라가는 것이 상관관계지만, 앞에서 보았듯이 같이 올라간다고 해서 어느 한쪽이 다른 한쪽을 초래했다는 의미는 아니다. 대기 중 이산화탄소가 당신을 살찌게 만들거나, 아이스크림이 익사를 초래한 것이 아니듯 말이다.

하지만 신문에서는 인과적인 언어를 사용하고 있다. "탄산음료가 청소년들을 폭력적으로 만든다." 이 문장은 탄산음료가 폭력성을 초래했음을 암시한다. 이것을 확장해서 생각하면 탄산음료를 멀리하면 폭력성이 멈춰진다는 의미가 된다.

앞서 보았듯이 상관관계가 직접적인지를 파악하는 것도 아주 힘들다. 다른 부분들을 고려했을 때 아이스크림 판매량이 정말 익사 사고와 상관관계가 있는지, 아니면 기온과 같은 다른 요소와 상관관계가 있는지 말이다. 하지만 우리가 정말로 알기 원하는 것은 이런 것이 아니다. 어느 한쪽이 다른 한쪽의 원인이 되는지를 알기 원한다. 이것은 어떻게 알 수 있을까?

지금까지 우리가 살펴본 연구들은 대부분 관찰연구였다. 즉, 세상을 있는 그대로 관찰해서 결과를 얻은 연구다. 이산화탄소와 비만의 사례에서는 대기 중 이산화탄소 농도가 어떻게 변화했는지, 그리고 비만으로 인한 사망이 어떻게 변화했는지 관찰해서 양쪽 다 증가했다는 것을 보았다.

그런데 문제는 이것으로는 이산화탄소가 비만(혹은 비만으로 인한 사망)을 초래한 것인지 알 수 없다는 점이다. 높아진 비만 수준이 이산화탄소량을 증가시켰을지도 모른다. 아니면 다른 교란요인이 존재하는지도 모른다(이 경우에는 이 말이 더 가능성 있다). 어쩌면 앞 장에서 이야기했듯이 나라가 부유해지면서 사람들도 더 살이 찌고 더 많은 이산화탄소를 방출하게 된 것인지도 모르겠다.

이런 관찰연구로도 무엇이 무엇을 초래했는지 알아낼 방법들이 있다. 예를 들면 원인은 결과보다 앞서 나와야 한다. 비만 증가보다 이산화탄소 농도 증가가 먼저 일어난다면 '비만이 이산화탄소 배출을 초래했다'라는 것은 배제할 수 있을 것이다. 또 한 가지 살펴볼 것은 '용량 반응-dose response'이다. 즉, 가설상의 원인이 더 많이 관찰될수록 관찰되는 효과도 많아진다는 것이다. 그리고 당연한 이야기지만 어느 한쪽이 다른 한쪽의 원인이 된다고 믿을 만한 훌륭한 이론적 이유를 갖추는 것도 도움이 된다. 길이 젖어 있는 것은 비구름과 상관관계가 있다. 이 경우 한 방향으로의 인과관계를 설명하기는 아주 쉽지만, 그 반대 방향으로 설명하기는 어렵다.

하지만 비 때문에 길이 젖거나 흡연 때문에 폐암이 생기는 (흡연과 폐암은 원인이 결과보다 먼저 오고 분명한 용량 반응이 나타나며 결과가 워낙 크게 나와서 그 인과관계를 무시할 수 없다) 경우처럼 그 인과관계가 거부할 수 없이 압도적으로 명확한 상황이 아닌 한, 관찰연구로 인과관계를 명확히 밝히기는 언제나 힘들다. 그럼 한쪽이 다른 한쪽의 원인이 되었는지 밝히려면 어떻게 해야 할까?

이상적으로는 무작위 대조군 실험randomized controlled trial이라는 것을 사용한다.

무작위 대조군 실험의 기본적인 개념은 이렇다. 이 책이 사람들의 통계학 능력을 향상시키는지를 살펴보았던 앞선 사례를 다시 사용해보자. 다만 이번에는 어쩌다 이 책을 읽은 사람들을 그냥 살펴보는 것이 아니라 의도적으로 사람들에게 이 책을 나눠줄 것이다. 한 무리의 사람을 1,000명 정도 모은 다음에 통계학 시험을 치른다. 그리고 그 사람들을 무작위로 두 집단으로 나눈다. 한 집단은 이 책을 읽게 하고, 다른 집단에는 위약 버전의 책을 읽게 한다. 위약 버전의 책은 이 책과 비슷하지만 그 안에 들어 있는 통계에 관한 이야기는 모두 엉터리다 (당신이 이 책을 읽다가 오류를 발견한다면 위약 버전을 읽고 있는지도 모른다).

양쪽 집단 모두 각자의 책을 읽은 후에 통계학 시험을 다시 본다. 그리고 어느 한쪽 집단, 혹은 양쪽 집단 모두 평균 점수가 올라갔는지를 확인한다. 만약 이 책이 사람들의 통계학

실력을 끌어올린다면 이 책을 읽은 집단의 평균 점수가 올라
갔을 것이라고 예상할 수 있다.

대조군이 존재하는 이유는 사후가정 counterfactual ('만약 무언
가를 하지 않았다면')을 제공하기 위한 것이다. 일종의 평행세계
를 만들어내는 셈이다. 이 책을 읽기 전후로 시험을 보았는데
성적이 올랐다면, 이 책이 사람들의 통계학 능력을 올려준 것
일 수도 있지만, 사람들이 모두 동시에 온라인 강의를 수강 중
이었을 수도 있다. 아니면 아무 책이나 읽어도 통계학 능력이
올라가는 것일 수도 있다. 아니면 공부를 한다는 사실만으로도
사람들의 행동이 달라지는 것일 수도 있다.• 그래서 대조군을
만들어 책을 읽지 않고 시험을 보았다면 어떻게 되었을지 확
인하려는 것이다.

물론 항상 무작위 대조군 실험을 할 수 있는 것은 아니다.
현실적으로 어려울 때도 있고, 윤리적으로 불가능할 때도 있
다. 아동 500명에게 10년 동안 담배를 하루에 한 갑씩 피우게
해서 흡연이 아동에게 미치는 영향을 대조군과 비교해볼 수는

● 이것은 연구를 진행할 때 나타나는 '호손효과 Hawthorne effect'라는 문제다. 이
  런 효과가 실제로 있는지에 대해서는 논란이 있다. 1924년과 1927년 사이에 일
  리노이주의 호손 공장 노동자들을 대상으로 한 연구가 진행됐다. 이것은 공장
  의 조명 수를 늘리는 것이 노동자의 생산성을 높이는지를 알기 위한 연구였다.
  전해지는 이야기로 이 연구에서는 조명을 밝게 하든 어둡게 하든 말 그대로 어
  떤 변화를 주더라도 생산성이 향상된다고 했다. 하지만 원본 데이터를 오랫동
  안 잃어버렸다가 다시 찾아서 분석해보았더니 그런 효과는 발견되지 않았다.
  어떤 사람들은 다른 연구에서 그런 효과를 보았다고 주장하지만 아직 논란이
  남아 있다.

없다. 큰일 날 소리다. 그리고 전쟁이 경제에 미치는 효과를 알아보기 위해 무작위로 고른 국가와 전쟁을 시작할 수도 없는 노릇이다. 대신 자연실험 natural experiment을 찾아볼 수는 있다. 다른 이유로 사람들이 무작위로 분리되어 있던 집단을 찾아보는 것이다.

예를 들면 한 유명한 연구에서는 군에 입대하는 것이 평생 수입에 미치는 효과를 살펴보았다. 하지만 군에 입대하는 사람은 그렇지 않은 사람과 상황이 다르므로 그 둘을 비교할 수는 없었다.[6] 다행히도(적어도 연구자의 입장에서는) 베트남 전쟁 중이었던 1970년, 미군에서 군인을 징집하기 시작했다. 징집자는 추첨으로 뽑았다. 텔레비전 방송에서 라이브로 기계로 공을 뽑아 추첨한 것이다. 이렇게 해서 처치 집단treatment group(징집된 남성)과 대조군 집단(징집되지 않은 남성)에 해당하는 집단이 만들어졌다. 이 연구를 진행한 결과, 징집된 남성은 그렇지 않은 남성에 비해 평생 버는 수입이 15퍼센트 줄어드는 것으로 나왔다.

하지만 대부분의 관찰연구는 무작위 대조군 실험도 아니고, 이처럼 무작위적이거나 유사무작위적인 자연실험도 아니다. 그저 두 가지 이상의 수가 비슷한 시기에 함께 올라가고 내려가는 경향이 있는지 그 여부만을 말해줄 수 있다. 상관관계는 말해줄 수 있지만, 인과관계는 말할 수 없는 것이다. 그리고 소셜미디어에서 깐깐하게 따지는 사람들이 말하듯 이 두 가지는 같은 것이 아니다.

하지만 언론에서는 이런 것을 명확하게 구분하지 않는 사례가 많다. 이와 관련된 한 논문에서는 77개의 관찰연구가 언론에서 어떻게 보도되었는지 살펴봤는데, 그중 거의 절반 정도가 인과관계에 관한 주장을 담고 있음을 찾아냈다. 즉, "낮잠이 미취학아동의 학습 능력 향상에 도움이 된다" 같은 헤드라인 말이다. 하지만 이 연구는 상관관계를 보여주었을 뿐 인과관계를 보여주지는 않았다.[5]

다시 탄산음료 이야기로 돌아가보자. 이제는 이 연구가 관찰연구였다는 것을 알아도 놀라지 않을 것이다. 이 실험은 500명의 청소년에게는 탄산음료를 주고, 다른 500명에게는 다이어트 음료를 주어 마시게 한 다음, 어느 쪽이 버스 정류장에서 사람들을 칼로 찌를 확률이 높은지 비교해본 실험이 아니다. 탄산음료를 섭취하는 양과 폭력을 저지르는 횟수 사이에 상관관계가 존재하는지만을 살펴본 것뿐이다.

따라서 우리는 탄산음료가 폭력을 초래했는지, 폭력이 탄산음료 섭취를 초래했는지 알 수 없다(솔직히 이건 말이 안 되는 것 같다. 어쩌면 길거리에서 싸우고 난 다음에는 더 갈증이 나는 것일지도 모르겠지만 말이다). 7장에서 보았듯이 다른 어떤 변수가 양쪽 모두와 연결되어 있을 수도 있다. 이 연구는 다양한 요인들을 통제했다고 말하지만 연구자들 자신이 하는 말에 따르면, 직접적인 인과관계가 존재할 수도 있지만 연구 분석 과정에서 설명되지 않은 다른 요인이 작용해서 탄산음료의 섭취와 공격성을 모두 초래하고 있을 가능성도 있다고 한다. 이들은 실제로 성별, 나이, 알코올 섭취량 등 다양한 요인들을 통제했다. 하지만 그렇게 해도 인과관계를 보여주지는 못한다. 연구 자체도 그런 주장을 하지 않는데, 뉴스 헤드라인처럼 탄산음료가 폭력성을 초래한다고 결론을 내리는 것은 불합리하다.

그렇다고 무작위 대조군 실험은 모두 완벽하다는 말이 아니다. 이런 실험을 망칠 수 있는 여러 가지 현실적인 문제들이 존재하기 때문에 무작위 대조군 실험도 자체적으로 온갖 문제를 안고 있다. 하지만 인과관계를 보여주는 가장 효과적인 방법인 것은 사실이다.

독자들을 위한 한 가지 간단한 경험적 법칙이 있다. 뉴스에서 보도하는 연구가 무작위 대조군 실험이 아니라면, 인과관계에 관한 주장을 경계해야 한다는 것이다. 그것이 인과관계라 가정할 만한 설득력 있는 이유가 있을 수도 있지만, 어떤 무작위 요소가 들어가지 않는 한 이런 연구로는 그 부분을 알 수 없다.

---

* 이 박스 글을 반드시 읽거나 이해할 필요는 없지만 '인과관계'에 대해 더 알고 싶다면 계속 읽어보자.

연구자들은 관찰연구로 인과관계를 밝힐 수 있는 똑똑한 비법을 사용한다. 바로 도구변수법instrumental variable approach이다. 당신이 아프리카에서의 전쟁이 경제 성장에 미치는 영향을 연구하려는 경제학자라고 해보자. 물리적 충돌은 무역과 투자, 사업을 중단시켜 경제 성장을 둔화시킬 수 있다. 하지만 그것이 전부는 아니다. 둔화된 경제 성장이 무력 충돌 가능성의 상승으로 이어질 수도 있다. 많은 사람이 실직으로 분노하는 상황에서는 국가가 폭력에 휩싸일 위험이 더 커진다고 생각할 수 있기 때문이다.

전쟁과 경제 붕괴가 나란히 발생하는 것 같다는 관찰이 나왔는데, 그렇다면 무엇이 무엇을 초래하는지는 어떻게 알 수 있을까?

A가 B를 초래한다고 생각하는데 사실은 B가(혹은 B도) A를 초래하고 있는 경우라면, 이를 역인과성reverse causality이라고 한다. 물론 더 복잡할 수도 있다. A가 B를 초래하고, B가 다시 A를 초래하는 피드백 고리를 이룰 수도 있다. 폭력과 경제 성장이 이런 경우일 수 있다. 그리고 이것이 사실이라면 교란변수가 그러는 것처럼 이 복잡함이 측정을 방해할 수 있다.

그럼 인과의 화살이 어느 방향을 가리키고 있는지 어떻게 알 수 있을까? A→B? 아니면 B→A? 아니면 피드백 루프? 이럴 때 도구변수를 이용하는 것이 한 가지 방법이다. 이것을 이용하면 당신의 관심 대상 중 하나와는 상관관계가 있지만 나머지와는 상관관계가 없는 것이 어느 것인지 측정할 수 있다. 전쟁과 경제 성장의 경우, 도구변수 중 하나는 강우량이다.

2004년의 한 연구에서는 경제 침체가 전쟁으로 이어지는지 살펴보았다.[6] 그 결과 경제가 5퍼센트 수축하면 그다음 해에 전쟁 발생 가능성이 12퍼센트 증가하는 것으로 나왔다. 하지만 연구자들은 전쟁이 경제 침체 뒤에 발발했다고 해도 그것으로 인과관계를 입증할 수는 없음을 지적했다. 긴장감이 고조되고 있음을 알아차린 시민들이 행동 방식을 바꾸어 경제가 위축된 것일 수도 있기 때문이다.

그래서 이들은 강우량을 조사하기로 결정했다. 이상하게 들릴 수도 있지만 강우량은 농업기반 경제의 경제 성장과 강하게 연관되어 있다. 가뭄이 재앙으로 이어질 수 있기 때문이다. 이런 곳에서는 평균 강우량이 많을수록 경제 성장도 높아진다. 여기서는 강우량의 경우 경제를 통한 영향을 제외하면 전쟁과 강하게 연관되어 있지 않다고 가정한다. 따라서 강우량이 증가한 해에 전쟁의 발발 건수가 줄어든다면 이는 경제적 상황이 실제로 물리적 충돌 가능성에 영향을 미치고 있다는 암시가 된다. 비는 경제를 통해서만 전쟁에 영향을 미치기 때문이다.

그리고 놀라운 소식! 연구를 통해 강우량이 많은 해에는 전쟁 발발 건수도 줄어든다는 것이 밝혀졌다. 이는 경제가 실제로 물리적 충돌에 영향을 미친다는 것을 암시한다.

물론 다른 모든 경우와 마찬가지로 여기서도 실제 상황은 그보다 복잡하다. 한 가지에만 영향을 미치고 나머지에는 영향을 미치지 않는 도구변수를 찾아야 하지만, 그것을 제대로 찾았는지 확신하기가 어렵다. 이 경우만 해도 도로가 폭우로 잠긴 상태에서는 전쟁을 개시하기가 더 어려워진다고 주장하는 경제학자가 있었다.[7] 연구자들은 이 부분도 고려하려고 했는데, 성공했는지는 분명하지 않다. 이것은 아주 복잡한 문제다. 상관관계만 밝히려 하는데도 실수로 연구 결과를 망치는 학자들이 많다.[8]

9장

# 이것이 큰 수인가

영국 사람 중에는 2016년 상반기에 버스 옆면에 적혀 있던 숫자를 기억하는 사람이 있을 것이다. 3억 5,000만 파운드(2022년 환율로는 약 5,600억 원 – 옮긴이)라는 꽤 큰 수였다. 듣자하니 영국에서 매주 유럽연합에 이 금액을 내고 있다고 했다. "그 돈으로 차라리 우리 국민보건서비스NHS에 자금을 지원하자"라고 버스 광고는 촉구했다.

걱정 마시라. 정말로 그렇게 큰돈을 쓰고 있었느냐고 따지려는 것은 아니다. 다양한 사실 확인 기관과[1] 영국 통계청은[2] 실제 수치가 2억 5,000만 파운드(환불받은 1억 파운드 정도는 아예 은행 계좌를 나가본 적이 없었다)에 가깝다는 데 동의한다. 하지만 경제적으로 봐도 영국은 무역을 통해 그보다 훨씬 많은 이득을 얻었다. 하지만 이것이 중요한 게 아니다. 여기서는 이 수치가 큰 수인지에 대해 이야기해볼 것이다.

수가 얼마나 커야 큰 수일까? 사실 그런 기준은 존재하지 않는다. 사실 수의 크기나 다른 속성은 맥락에 따라 달라진다. 100은 집 안에 들어갈 사람의 수로는 아주 큰 수지만, 은하에 있는 항성의 수로는 아주 작은 수다. 2는 머리카락 개수로는 작은 수지만, 평생 받은 노벨상, 혹은 복부에 맞은 총상의 개수로는 큰 수다.

하지만 뉴스에 등장하는 수는 맥락 없이 제시될 때가 많아서 이것이 큰 수인지 아닌지 스스로 파악해야 한다. 맥락에서 가장 중요한 부분은 분모다.

분모는 분수의 가운데 선 아래의 수다. $\frac{3}{4}$에서 4, $\frac{5}{8}$에서 8이 분모다(선 위의 수는 분자라고 한다). 학교에서 수학을 배우던 시절 이후로 분모라는 용어를 사용할 일이 많지는 않았을 테지만, 뉴스에 나오는 수를 이해할 때는 대단히 중요한 부분이다. 어떤 수가 크고 작은지 알아내는 일은 결국 가장 적당한 분모가 무엇인지 알아내는 일로 귀결된다.

사례를 살펴보자. 1993년에서 2017년 사이에 런던의 도로에서 자전거 이용자 361명이 사망했다.[3] 이것은 큰 수일까? 꽤 큰 수로 들린다. 하지만 분모가 무엇일까? 이 361건의 재앙은 25년의 기간 동안 일어났다. 안전하게 자전거를 이용한 건수는 얼마나 될까? 이 분수의 아래 절반을 알면 자전거를 탔을 때의 실제 위험도가 어느 정도인지 더 잘 이해할 수 있다.

그 정보를 제공하는 경우가 드문 것을 보면 모두들 그 정보를 잘 알고 있다고 가정하는 듯하다. 한번 추정해보자. 여러분이 생각하기에 1993년에서 2017년 사이에 런던에서의 하루 평균 자전거 이용자 수가 얼마나 될 것 같은가? 대략 4,000명이었다고 생각해보자. 그럼 그 문제의 기간 동안 3,650만 명이 자전거를 이용했다는 의미이고, 그럼 10만 번 탈 때마다 1명의 사망자가 나온 것에 해당한다.

하루 평균 자전거 이용자 수가 4만 명이었다고 해보자. 그럼 100만 번 탈 때마다 1명이 사망했다는 의미가 된다.

이번에는 40만 명이었다고 해보자. 그럼 1,000만 번 탈 때마다 1명이 사망했다는 의미가 된다.

이 중에 어느 말이 옳을까? 분모를 모르면 헬멧을 쓰고 런던의 도로로 나가는 자전거 이용자가 직면하는 위험을 알 수 없다. 그 수가 얼마나 큰 수인지 알 수 없는 것이다. 분모가 없으면 맥락도 없다. 분모가 중요한 이유가 그 때문이다.

당신의 궁금증을 해소해주겠다. 런던교통공사에 따르면 그 기간에 실제 자전거 이용자 수는 하루 평균 43만 7,000명 정도였다고 한다. 한 번 탈 때마다 1,000만 명당 1명꼴인 이 사망률이 높은 것인지 낮은 것인지는 개인별로 판단이 다를 수 있지만, 분모를 모르면 아예 판단이 불가능하다. (여담으로 해당 기간에 하루 평균 자전거 이용자 수가 1993년 27만 명에서 2017년 72만 1,000명으로 크게 증가했다. 그리고 그 기간에 사망자 수는 불규칙하지만 인지할 수 있을 정도로 감소했다. 1993년에는 18명이었던 사망자 수가 2017년에는 10명으로 줄었다. 따라서 런던에서 자전거 이용자가 자전거를 한 번 탈 때 사망할 위험이 1990년대보다 6분의 1로 줄었다. 그리고 자전거 타기는 건강에 정말 좋다. 사고 위험과 공기 오염의 위험을 감안하더라도 평균적으로 보면 기대수명을 현저하게 높여줄 것이라 기대할 수 있다.[4]

뉴스 보도에서 분모가 빠지는 것은 흔한 문제다. 2020년 〈데일리 익스프레스 Daily Express〉에서는 지난 10년 동안 경찰서에 구류된 기간에 사망한 사람이 163명이라고 보도했다. 하지만 경찰서에 구류되어 있었던 사람이 총 몇 명이나 될까?[5] 1,000명이었던 경우와 100만 명이었던 경우는 이야기가 달라진다. (영국 내무성의 통계에 따르면 후자에 더 가깝다. 체포된 사람이 모두 경찰서 구류를 당하는 건 아니지만 1년에 체포되는 사람의 수가 대략 100만 명 정도다.[6])

범죄는 또 다른 사례다. 2018년에 미국의 도널드 트럼프 대통령이 말한 것처럼 매년 미국에서 300명이 불법 이민자에게 살해당하고 있다는 소리를 들으면 이것이 큰 수로 들릴 수 있다.[7] 정말 그럴까? 분모가 무엇일까?

이것은 상황이 조금 더 복잡하다. 한 가지만 알아서 될 문제가 아니다. 우선 미국의 전체 인구 중 살인자의 수를 알아볼 수 있다. FBI에 따르면 2016년에는 1만 7,250명이었다.[8] 하지만 이것만 가지고는 많은지 적은지 알 수 없다. 불법 이민자가 몇 명이나 되는지도 알아야 한다. 그럼 불법 체류 이민자들이 평균적인 미국 시민보다 사람을 죽일 확률이 높은지 낮은지 계산할 수 있다.

다행스럽게도 2018년에 카토 연구소 Cato Institute에서 그 부분을 살펴보았다. 그들이 알아낸 바에 따르면, 2015년 기준으로 텍사스주에는(텍사스주는 불법 이민자 인구가 많다) 토박이 미국인이 2,279만 7,819명, 불법 이민자가 175만 8,199명, 합법 이민자가 291만 3,096명이었다.

그리고 토박이 미국인이 저지른 살인은 709건, 불법 이민자가 저지른 살인은 46건이었다. 이 수치를 이용하면 각각의 집단이 저지른 살인 건수를 그 집단 사람의 수로 나누어, 즉 분자를 분모로 나누어 어느 쪽이 큰지 살펴볼 수 있다. 이 경우 709 ÷ 22,797,819 = 0.000031, 즉 10만 명당 3.1건이고, 46 ÷ 1,758,199 = 0.000026, 즉 10만 명당 2.6건이다. 따라서 적어도 텍사스주에서는 불법 이민자에 의한 살인 가능성이 평균 시민보다 낮다. 혹시 궁금한 사람을 위해 덧붙이자면, 합법 이민자에 의한 살인 비율은 10만 명당 1건 정도다.

다시 버스 이야기로 돌아가보자. 3억 5,000만 파운드라고 하니 엄청나게 커 보인다. 여러 면에서 큰 수입은 맞다. 이것은 사람들이 평생 벌어들이는 평균 수입의 수백 배에 해당하는 액수다. (런던 북쪽 지역에서 침실이 4개 딸린 집을 살 수도 있다. 하하.)

하지만 이게 정말 큰돈일까? 분모가 무엇일까?

알아보자. 우선 3억 5,000만 파운드에 52를 곱하면 182억 파운드가 나온다. 그럼 이 액수가 영국이 매년 유럽연합에 제공하는 액수다(적어도 버스 광고의 주장에 따르면 그렇다. 이 값을 계속 사용해보자).

2020년 예산안에 따르면 국방비부터 도로 유지, 국민연금에 이르기까지 온갖 항목에 영국 정부가 지출하는 총액은 2020-2021 회계연도에 9,280억 파운드 정도로 예상되었다.[9] 182를 9,280으로 나누면(그리고 여기에 100을 곱하면 퍼센트가 나온다) 2퍼센트에 조금 못 미친다. 따라서 182억 파운드를 추가로 쓰는 것은 적어도 그해의 국가 예산이 2퍼센트 정도 증액된다는 의미다(이 수치에도 여전히 짜증난다면 2억 5,000만 파운드라는 수치를 적용해서 1.4퍼센트 증액이라고 하자).

무시할 수 있는 액수는 아니다. 국가 예산 2퍼센트 증액은 인적 서비스personal social service(노년층, 장애인, 위험 아동 등의 취약계층을 위한 지방 정부의 지원)에 들어가는 총예산의 절반 정도에 해당한다. 하지만 보기보다 어마어마한 액수는 아닐지도 모른다. 문제는 분모를 포함시키지 않으면 사람들이 말하는 수만 듣고는 엄청나게 큰 액수라 생각할 수 있다는 점이다.

수치를 인용하는 뉴스를 내보낼 때마다 그에 적절한 분모를 찾아서 함께 말해달라고 하면 그들에게 좀 벅찬 요구일 수 있다. 하지만 대단히 인상적이거나 놀라운 통계치를 보면, 독자와 시청자가 스스로 물어볼 수는 있을 것이다. "저게 과연 큰 수가 맞을까?"

# 10장

# 베이즈 정리

전 세계 수많은 사람이 코로나19로 인한 봉쇄령 때문에 집에 갇혀 있었던 2020년 봄, 사람들 대부분은 대체 뭘 어떻게 해야 밖으로 나다닐 수 있고, 사회가 다시 굴러갈 수 있을지 간절한 마음이었다. 이때 몇몇 곳에서 제기되어 널리[1] 보도된[2] 한 가지 계획이 '면역 여권 immunity passport'이었다.

이런 주장을 뒷받침하는 이론이 있다. 한번 전염병을 앓고 나면 그 병에 면역이 생긴다는 이론으로, 글을 쓰고 있는 현시점에서도 완벽히 확인되지는 않았지만, 여전히 타당성이 있다. 몸에서는 그 전염병과 싸울 항체를 만들어내기 때문에 남은 평생은 아닐지라도 적어도 어느 기간은 그 항체가 우리를 보호해준다. 면역 여권의 개념은 그 항체를 검사해서 양성이 나오면 이제 그 병을 앓았으니 면역이 생겨 원래의 생활로 돌아갈 수 있다는 증서를 주는 것이다. 그 병에 다시 걸리거나 타인에게 전파할 위험이 낮을 테니까 말이다.

물론 이 여권이 효과가 있을지는 검사의 정확성에 달렸다. 하지만 우리가 언급하고 있는 이야기가 펼쳐지던 당시 미국 식품의약국FDA에서는 이미 정확도가 95퍼센트라고 주장하는 검사법에 대해 긴급 승인을 내린 상태였다.[3] 그렇다면 항체 검사를 받고 양성 결과가 나왔을 때 면역이 있을 가능성이 얼마나 될까? 95퍼센트쯤이겠지. 당연하지 않나?

아니다. 갖고 있는 정보가 그것밖에 없다면 면역이 있을 확률을 전혀 알 수 없다. 주어진 정보가 충분하지 않아서 그 확률을 알 수 있는 단서가 거의 없다.

이것은 토머스 베이즈 목사의 이름을 딴 베이즈 정리Bayes' theorem라는 것과 관련이 있다. 베이즈 목사는 18세기의 장로교 성직자이자 수학 마니아였다. 이것은 아주 단순한 추론방식이지만 대단히 이상한 결과를 내놓는다.

베이즈 정리를 논리 부호로 적으면 좀 무섭게 보인다. $P(A|B) = (P(B|A)P(A))/P(B)$. 사실은 꽤 간단한 개념이다. 이것이 기술하는 내용은 또 다른 진술 B가 참일 때 주어진 진술 A가 참일 확률을 의미한다(더 자세한 내용은 옆의 박스를 참고하기 바란다). 이것이 중요하면서도 직관에 어긋나는 이유는 진술 B가 참인지 거짓인지 알기 전에 진술 A가 참일 사전 확률을 고려하고 있다는 점이다.

* 이 박스 글을 반드시 읽거나 이해할 필요는 없지만 '조건부확률'에 대해 알고 싶다면 계속 읽어보자.

베이즈 정리는 조건부확률conditional probability에 관한 것이다. 학교에서 배운 기억이 나는 사람도 있을 것이다. 지금 막 섞어놓은 카드 한 벌이 있다고 해보자. 처음 꺼낸 카드가 에이스일 가능성이 얼마나 될까? 52분의 4다. 52장 카드 한 벌에 에이스 카드가 4장 들어 있으니까 말이다. 4와 52 모두 4로 나누어떨어지기 때문에 이 확률을 13분의 1로 고쳐 쓸 수 있다.

첫 번째 카드에서 에이스를 뽑았다고 해보자. 그럼 두 번째 카드로 에이스를 뽑을 확률은 얼마나 될까? 이미 에이스 카드 한 장은 나와 있고, 전체 카드 숫자도 한 장 줄어들었기 때문에 수가 바뀌었다. 이제 51장의 카드에 3장의 에이스 카드가 들어 있다. 즉 51분의 3의 확률이다.

이것이 당신이 이미 에이스 카드를 한 장 뽑아서 버렸다는 조건 아래서 에이스 카드를 뽑을 확률이다.

통계학에서는 한 사건(A라고 하자)의 확률(P라고 하자)을 다음과 같이 적는다.

$$P(A)$$

A 사건에 앞서서 일어나는 또 다른 사건을 B라고 하면 다음과 같이 적는다.

$$P(A|B)$$

수직선 기호 '|'는 '~라는 조건 아래'의 의미다. 한마디로 'B라는 사건이 이미 일어났다는 조건 아래 A가 일어날 확률'이라는 뜻이다. 따라서 P(A|B)는 '이미 에이스 카드 한 장을 뽑아서 버렸다는 조건 아래 에이스 카드를 뽑을 확률'을 의미하고, 그 값은 51분의 3, 즉 0.06 정도가 된다.

이것을 표기법만으로 설명하기는 몹시 어렵지만, 사례를 살펴보면 쉽다. 가장 유명한 사례는 의학 검사다. 당신이 희귀하지만 치명적인 신경퇴행성 질환을 초기에 감지할 수 있는 혈액 검사를 받았다고 해보자. 검사법은 어마어마하게 정확하다.

두 종류의 정확성이 있다는 점이 중요하다. 병에 걸린 사람에게 병에 걸렸다고 올바르게 말할 확률, 즉 참양성률 true positive rate 혹은 민감도 sensitivity, 그리고 병에 걸리지 않은 사람에게 병에 걸리지 않았다고 올바르게 말할 확률, 즉 참음성률 true negative rate 혹은 특이도 specificity다. 양쪽 모두 99퍼센트가 나온다고 상상해보자.

하지만(이 '하지만'이 중요한 '하지만'이다) 이 질병은 대단히 희귀하다. 임의의 시점에서 이 병에 걸린 사람이 1만 명당 1명 꼴이라고 해보자. 이것이 사전 확률 prior probability 이다.

예를 들어 100만 명을 검사하면 1만 명당 1명꼴로 병에 걸렸으니까 100명이 나온다. 검사를 해보니 100만 명 중 99명이 병에 걸렸다는 정확한 결과를 내놓았다. 여기까지는 문제가 없다.

그리고 99만 8,901명의 사람에게는 병에 걸리지 않았다고 올바르게 말해줄 것이다. 이 단계까지는 여전히 아주 좋아 보인다.

하지만 문제가 있다. 99퍼센트는 정확히 잡아냈지만, 그래도 1,100명의 완전히 건강한 사람에게 치명적인 병에 걸렸다고 말한 것이기 때문이다. 이 검사로 병에 걸렸다고 통보받은 1,199명 중에 실제로 병에 걸린 사람은 약 8퍼센트인 99명밖에 없다. 만약 이 검사를 액면 그대로 받아들여 양성으로 나온 사람들 모두에게 병에 걸렸다고 말했다면, 12명 중 11명꼴로 잘못 알려준 것이다(게다가 겁을 줘서 쓸데없이 몸에 칼을 대는 위험한 치료를 받게 만들 수도 있다).

사전 확률을 알지 못하면 양성으로 나온 검사 결과의 의미를 알 수 없다. 이것으로는 검사 받은 그 병에 걸렸을 확률이 얼마인지 알 수 없다. 따라서 '95퍼센트 정확도' 같은 수치를 보도하는 것은 무의미하다.

이것은 학자들만 관심을 두는 가상의 문제가 아니다. 한 메타분석(7장에서 살펴보았던, 다른 연구 결과를 집대성해서 살펴보는 논문)에 따르면, 10년 동안 매년 유방 검사mammogram를 받은 여성 중 60퍼센트는 적어도 한 번 이상 거짓양성 판정을 받았다고 한다.[4] 한 연구에서는 전립선암 검사에서 양성으로 나와 조직검사와 직장검사를 의뢰했던 남성 중 70퍼센트가 거짓양성이었던 것으로 판명이 났다.[5] 한 논문에 따르면, 태아의 염색체

장애를 검사하는 출산 전 선별검사에서 검출률은 99퍼센트까지 나오고 거짓양성률은 0.1퍼센트 정도로 매우 낮다고 주장했는데, 질병 자체가 워낙 희귀한 것이다 보니 실제로는 45퍼센트에서 94퍼센트 사이로 거짓양성이 나온 것으로 밝혀졌다.[6]

이런 검사 결과만 가지고 확진을 내리는 것은 아니다. 양성이 나온 사람은 더 포괄적인 진단검사를 받게 된다. 하지만 결국에는 암이나 선천적 결손이 없는 것으로 밝혀질 많은 사람을 겁주게 된다.

이것은 의학 검사만의 이야기도 아니다. 법률 분야에서도 중요한 의미를 갖고 있다. 사실 법정에서 일어나는 것으로 잘 알려진 흔한 실수인 검사의 오류prosecutor's fallacy는 본질적으로 베이즈 정리를 오해한 것이다.

앤드루 딘은 1990년에 강간죄로 16년형을 선고받았다. 이 유죄 선고가 나오는 데는 DNA 증거도 한몫했다. 기소를 위해 나타난 법의학 전문가가 그 DNA가 다른 사람의 것일 확률은 300만분의 1이라고 했기 때문이다.[7]

하지만 이 사건을 검토하면서 수석재판관 로드 테일러가 지적했듯이,[8] 이것은 서로 별개인 두 가지 질문을 뒤섞어놓은 것이었다. 첫 번째 질문은 무죄인 사람이 그 DNA 프로필과 맞아떨어질 확률이 얼마이냐는 것이고, 두 번째 질문은 DNA 프로필이 맞아떨어지는 사람이 무죄일 확률은 얼마이냐는 것이다. '검사의 오류'는 이 두 질문을 같은 것인 양 취급하는 것을 말한다.

여기서도 의학 검사를 했을 때와 똑같은 것을 해볼 수 있다. 다른 증거는 없고, 좀처럼 일어날 가능성이 없는 사건에서 (당시 영국의 인구는 6,000만 명이었고, 그 전체 영국 인구에서 그냥 1명을 용의자로 뽑은 것이다) 무작위로 뽑은 누군가가 살인자일 확률은 6,000만분의 1이다. 만약 6,000만 명 전체를 대상으로 검사를 해본다면, 범인이 누구인지 정확하게 나올 것이다. 하지만 그 검사에서 20명의 무고한 사람에 대해서도 거짓양성이 나오게 된다. 따라서 무고한 사람이 검사를 받았을 때 양성 반응이 나올 확률이 300만분의 1밖에 안 된다고 하더라도 무작위 검사에서 양성이 나온 사람 중 95퍼센트 이상은 무고한 사람일 것이다.

현실에서는 피고인을 무작위로 뽑지 않는다. 보통은 유죄를 뒷받침할 만한 다른 증거가 존재한다. 사전 확률이 6,000만분의 1보다 크다는 의미다.

하지만 의학 검사의 경우와 마찬가지로 DNA 증거에서 거짓양성이 나올 확률을 아는 것만으로는 누군가가 무죄일 확률이 얼마인지 알 수 없다. 사전 확률이 반드시 있어야 한다. 애초에 그 사람이 유죄일 확률에 대한 평가가 필요한 것이다.

1993년 12월에 열린 항소심에서는 원심이 판사와 법의학자 모두 검사의 오류에 빠진 위험한 판결이라 선언하며 파기했다.

그와 비슷하게 자신의 자녀 2명을 살해한 혐의로 1998년에 유죄 판결을 받은 샐리 클라크의 비극적 사건 역시 검사 오류인 것으로 밝혀졌다. 유죄 판결의 근거는 전문가 증인이 한 가정에서 아기 2명이 영아돌연사 증후군으로 사망할 확률은 7,300만분의 1이라고 증언했기 때문이다. 이 전문가 증인은 누군가가 이중 살인을 저지를 사전 확률을 고려하지 않았다. 그 확률은 영아돌연사 증후군보다 훨씬 작다.[9] (다른 문제도 있었다. 특히 이 전문가 증인은 이미 영아돌연사 증후군을 겪었던 가정에서는 또 한 번 겪을 가능성이 더 크다는 점을 고려하지 않았다.) 클라크 사건도 2003년에 뒤집혔다.

그럼 면역 여권은 어떨까? 당신이 항체 검사에서 양성이 나왔고, 그 검사법이 민감도와 특이도 모두 95퍼센트라고 해도 자신이 그 병을 앓았을 확률이 얼마인지 알 수 없다. 여기서 중요한 것은 당신이 그 검사를 받기 전에 그 병에 걸렸을 가능성, 즉 사전 확률이다. 그것을 알 수 있는 제일 확실한 출발점은 전체 인구에서 그 병의 유병률prevalence이다.

만약 전체 인구의 60퍼센트가 그 병에 걸렸었다면, 100만 명을 검사했을 때 60만 명은 그 병에 걸렸던 것으로 나오고 40만 명은 걸리지 않았던 것으로 나올 것이다. 이 검사는 병에 걸렸던 사람 57만 명은 정확히 확인했지만, 실제로는 병에 걸려본 적이 없었던 사람 2만 명에게 걸렸었다고 말해준다. 그리고 병에 걸렸던 사람 2만 명에게는 걸려본 적이 없다고 말해준다. 따라서 항체 검사에서 양성이 나왔더라도 그것이 거짓양성일 가능성은 3퍼센트밖에 안 될 것이다.

하지만 전체 인구 중 10퍼센트만 병에 걸렸었다면 100만 명 중 병에 걸렸던 사람은 10만 명이 될 것이다. 그리고 그중 9만 5,000명이 검사를 통해 올바르게 확인이 될 것이다. 하지만 나머지 90만 명 중에 4만 5,000명은 병에 걸렸었다는 결과가 나오게 된다. 그럼 당신이 검사에서 양성이 나와도 그 병에 걸리지 않았을 확률이 32퍼센트가 된다. 하지만 당신은 항체 검사에서 양성이 나왔으니 길거리를 돌아다니고 연로하신 할아버지, 할머니를 찾아뵙고 요양원에서 일해도 안전하리라 생각할 것이다.

이번에도 역시 이런 계산은 전체 인구를 무작위로 검사했을 때만 적용된다. 예를 들어 질병의 주요 증상을 앓았던 사람들만을 대상으로 검사를 진행해보았다면 더 나은 추정치를 이끌어낼 수 있었을 것이다. 질병에 걸렸을 확률이 더 높은 인구 집단을 검사하기 때문에 양성 검사 결과가 훨씬 더 나은 증거가 되어준다. 사전 확률이 더 높게 나올 것이기 때문이다. 하지만 사전 확률에 대해 어떤 추정치를 갖고 있지 않다면 검사의 의미를 알 수 없다.

이것은 이해하기 쉽지 않은 개념이다. 독자들만 그런 것이 아니라 기자들도 마찬가지다. 2013년의 한 연구에서는 거의 5,000명에 이르는 미국의 산부인과 레지던트, 즉 면허를 취득한 의사들에게 전체 인구 중 병을 앓고 있는 사람의 비율이 10퍼센트일 때, 90퍼센트 정확도의 검사에서 양성이 나온 사람이 암에 걸렸을 확률을 계산해보라고 요청했다.[10] 정답은 약 10퍼센트 정도였는데, 선다형 질문에서도 74퍼센트의 의사들이 틀린 답을 내놓았다.

그래도 이것은 중요하다. 우리는 계속해서 의학 검사, 질병 검사에 관한 이야기를 듣게 될 텐데, 이런 정보가 없으면 90퍼센트 정확도의 검사에서 양성이 나왔다는 것이 그 병에 걸렸을 확률이 95퍼센트라는 의미로 들리기 때문이다.

암 검사든, DNA 프로필 검사든, 코로나19 검사든 '99퍼센트 정확도 검사'에 대한 이야기를 들을 때 그 이야기에서 이런 문제를 다루지 않는다면 경계해야 한다.

# 11장

# 절대위험과 상대위험

2018년 〈데일리 텔레그래프〉에서 늦둥이 아기를 둔 아빠들이 무서워할 만한 뉴스를 전했다. 만 45세 이상의 아빠를 둔 아기는 건강상의 문제를 안고 태어날 확률이 높다는 뉴스였다.[1] 구체적으로 보면, 나이가 특히나 많은 아빠를 둔 아기는 25세~34세의 아빠를 둔 아기보다 발작이 생길 확률이 18퍼센트 더 높았다. 이 뉴스는 나이 든 산모에게만 불임과 다양한 선천적 기형의 위험의 원인을 찾던 분위기를 바꾸는 반가운 역할도 했다.

이 이야기는 〈영국의학저널〉에 발표된 한 연구를 바탕으로 했다. 아빠의 나이가 아기에게 미치는 영향을 살펴본 연구였다.[2] 그리고 실제로 앞에서 언급한 부분에서 위험이 증가하는 것을 발견했다.

하지만 〈데일리 텔레그래프〉에서 언급하지 않은 것이 있었다. 도대체 어떤 것보다 18퍼센트 더 높다는 말인가?

무언가가 75퍼센트 증가했다거나 32퍼센트 하락했다는 말은 상대적인 변화를 말한다. 위험에 관해 이야기할 때, 일주일에 백조 구이를 5마리 이상 먹으면 평생 통풍에 걸릴 확률이 44퍼센트 높아진다는 식으로 말하면, 이것은 상대위험을 이야기하는 것이다.

이런 식으로 위험을 표현하는 경우를 많이 본다. 예를 들어 2019년에 CNN에서는 베이컨이 대장암의 발병 위험을 높인다고 보도했다. 베이컨을 많이 먹을수록 대장암이 발병할 위험도 높아져 하루에 섭취하는 가공육 양이 25그램(대략 얇은 베이컨 한 장에 해당) 많아질 때마다 위험이 20퍼센트 올라간다고 했다.[3]

아빠의 나이와 아기의 선천적 기형 위험의 문제로 돌아가서, 2015년에는 청소년 나이대의 아빠들은 자폐증, 조현증, 이분척추spina bifida(척추 발생의 결함으로 인한 선천 기형 - 옮긴이)가 있는 아기를 낳을 확률이 더 높다는 보도가 나왔다. 〈데일리 메일〉에 따르면 30퍼센트 더 높다고 한다.[4]

30퍼센트나 높아진다고 하면 겁이 더럭 난다. 20퍼센트, 18퍼센트도 마음 편한 수치는 아니다. 이것들 모두 굉장히 중요한 수치로 들린다. 심지어는 대장암에 걸릴 위험이 20퍼센트라는 소리로 들리거나, 베이컨을 먹거나 스무 살이 되기 전에 아이를 낳으면 이분척추가 있는 아이를 낳을 위험이 30퍼센트라는 소리로 들린다.

물론 이런 의미가 아니다. 위험이 30퍼센트 높아진다는 말의 의미는 위험이 어떤 수준 X에서 X의 1.3배로 높아졌다는 것이다. X가 어떤 값인지 알지 못하면 이 정보는 별로 도움이 되지 않는다. 그래서 절대위험으로 이런 것을 표현하는 것이 중요하다. 즉, 위험이 얼마나 변했는지만 말하는 것이 아니라 무언가가 실제로 일어날 확률도 함께 말해야 한다.

베이컨을 먹는 사람의 대장암 발병 위험의 경우를 보자. 영국 암연구소Cancer Research UK에 따르면, 영국 사람들이 평생 대장암에 걸릴 위험은 남성이 7퍼센트, 여성이 6퍼센트다.[5]

물론 무시할 수 있는 확률은 아니다. 성별에 따라 15분의 1 정도의 확률로 대장암에 걸린다는 소리니까 말이다. 하지만 여기서 20퍼센트 더 늘어난다는 게 무슨 의미인지 살펴보자.

제일 높은 추정치를 취해보자. 이를테면 당신이 영국의 남성이라 해보자. 당신이 대장암에 걸릴 위험은 7퍼센트 정도다. 그런데 당신이 매일 베이컨 한 장(약 25그램)을 추가로 더 먹는다. 그럼 대장암에 걸릴 위험이 20퍼센트 증가한다.

하지만 기억하자. 7퍼센트의 20퍼센트이고, 이것은 1.4퍼센트에 해당한다. 따라서 대장암에 걸릴 위험이 7퍼센트에서 8.4퍼센트로 올라간다. 퍼센트를 다루는 데 익숙하지 않거나 이 값을 생각 없이 받아들이면 확률이 20퍼센트 올라 27퍼센트가 되는 것이라 착각할 수 있다.

따라서 당신이 대장암에 걸릴 확률은 15분의 1에서 12분의 1 정도로 올라간다. 무시할 수 있는 수치는 아니지만 '위험이 20퍼센트 높아진다'라는 표현보다는 훨씬 덜 무섭다.

사실 여기서 더 나갈 수도 있다. 영국 남성 100명 중 7명은 인생의 어느 시점에는 대장암에 걸릴 것이라 예상할 수 있다. 만약 이들이 모두 하루에 베이컨을 한 장씩 더 먹기 시작하면 7명이 아니라 8.4명이 대장암에 걸릴 것이다. 하루에 베이컨을 한 장 더 먹지 않았다면 걸리지 않았을 암이 생길 확률은 70분의 1로 바뀌는 것이다. 여성은 그 확률이 더 작아진다.

암에 걸릴 확률 70분의 1이 무시할 만한 수치라는 이야기는 아니다. 이것은 자신의 식생활을 바꿀지 말지 결정할 때 도움이 될 수 있는 중요한 정보다. 하지만 '20퍼센트 증가'와는 완전히 다른 이야기다. 이것은 자신이 감당해야 할 위험에 대해 아무것도 말해주지 못한다. 중요한 것은 베이컨을 한 장 더 먹었을 때 생기는 이익(베이컨은 맛있어서 인생을 더 즐겁게 만들어준다)과 위험의 경중을 따져보는 것이다. 이런 경중을 따져보려면 좋은 정보가 필요하다.

상대위험은 약을 실제보다 더 효과적으로 보이게 포장하는 데도 사용된다. 예를 들어 미국에서 판매 중인 한 항암치료제는 "사망 위험을 화학요법보다 41퍼센트 줄여준다"라고 광고한다. 좋은 말로 들린다. 하지만 실제로 이것은 수명이 평균 3.2개월 연장되는 효과에 해당할 뿐이다.[6] 미국 식품의약국의 연구에서는 의사들에게 약물의 절대효과가 아니라 상대효과

측정치를 제공해주면, 약물의 효과가 더 큰 것으로 인식해서 처방하려는 마음도 커진다고 발표했다. 즉, 의사들조차 상대위험에 기만당하는 것이다.[7] 절대수치로 표현하면 환자와 의사 모두 실제 위험을 더 잘 이해할 수 있다.

정당, 혹은 종교 같은 것이 빠른 성장을 보인다는 기사를 읽을 때는 특히 경계해야 한다. 정당이 일주일 만에 규모가 2배로 커졌다면 상대적으로는 급성장하고 있는 것이 맞을 수도 있다. 하지만 지난주에는 당원이 1명이었는데 이번 주에 그 회원이 자기 남편을 가입시켜 1명에서 2명으로 2배가 된 것이라면 별로 대단한 변화가 아니다.

나이 많은 아빠와 아기의 발작의 상관관계에 관한 이야기로 돌아가보자. 당신은 상대위험의 증가량을 알고 있다. 18퍼센트다. 하지만 이것만으로는 판단할 수 있는 것이 별로 없음을 이제 당신도 알 것이다. 절대위험을 알아야 한다. 그래서 늦은 나이에 아기를 낳았을 때 그 아기에게 발작이 생길 확률을 더 젊어서 낳았을 때 발작이 생길 확률과 비교해보아야 한다.

당신에게 필요한 그 수치는 각각 0.024퍼센트와 0.028퍼센트다. 아기에게 발작이 생길 확률은 당신이 아빠가 된 나이가 만 25세에서 34세 사이일 때는 10만 명 중 24명꼴이고, 만 45세에서 54세 사이일 때는 10만 명 중 28명꼴이다. 평균적으로 10만 명의 신생아 중 4명에게 영향을 미치는 차이다.

이 차이가 중요하지 않다는 말은 아니다. 10만 명 중 4명의 확률도 실체가 있는 확률이다. 하지만 경중을 따져보아야 한다. 나이가 들어서 아이를 원하는 사람도 있다. 이런 사람은 그런 작은 위험이라면 감수할 가치가 있다고 생각할 수 있다.

그렇다고 이 문제를 전적으로 언론만 탓할 수는 없다. 대부분 학술지에서 절대위험 수치를 밝혀야 한다는 지침을 제시하고 있음에도 과학논문 중에는 절대위험을 알려주지 않는 경우가 많다. 일례로 나이 많은 아빠 이야기를 다룬 〈영국의학저널〉의 논문도 이 학술지의 지침을 어기고 연구 결과를 모두 상대위험만으로 보고했다. 그리고 연구 자체는 절대위험을 다루지만, 배포한 보도자료는 그렇지 않을 때가 있다. 기자들은 늘 시간에 쫓기고 통계에 대해 잘 모르는 경우도 많기 때문에 논문 자체에서 정보를 찾아내려고 애쓰거나, 그런 정보에 접근할 수 있음에도 불구하고 그런 정보가 필요하다는 사실조차 인식하지 못한다.

하지만 이것은 소통에서 아주 중요한 측면이다. 적어도 생활방식과 관련된 위협에 관한 한, 과학기사의 역할은 독자들에게 유용한 정보를 제공해주는 것이다. '밤마다 와인을 한 잔씩 즐기면 암이나 심장병이 생길까?'와 같은 정보는 절대위험 수치로 제시되어야 한다. 그렇지 않으면 아무 소용이 없다. 과학기사, 대학 홍보부, 언론 모두 위험에 관해서는 상대위험만이 아니라 절대위험 수치도 제시해야 한다는 것을 명확한 규칙으로 정립할 필요가 있다.

# 12장

# 측정대상이 바뀌었는가

"잉글랜드와 웨일스에서 5년 동안 혐오범죄 2배 증가." 〈가디언〉에 2019년 10월 자로 나온 한 기사다.[1] 상황이 아주 끔찍해 보인다.

이 헤드라인 기사는 2013년에서 2019년 사이에 경찰에 보고된 혐오범죄 통계치를 참조했다.[2] 2018년에서 2019년 사이에 10만 3,379건의 혐오범죄가 기록되었고, 그중 7만 8,991건이 인종 관련 사건이었다고 보고되었다. 이것은 2012년에서 2013년 사이의 4만 2,255건보다 증가한 수치다.

이 소식에 놀랄 사람도 있고, 놀라지 않을 사람도 있을 것이다. 양쪽 모두 타당한 반응이다. 우리는 세간의 이목을 끄는 끔찍한 혐오범죄가 일어나는 시대에 살고 있다. 하지만 사회 전체로 보면, 사회적 편견이 줄어드는 추세라는 것도 사실이다. 일례로 영국의 사회적 태도 British Social Attitudes 설문조사에서는 동성애를 받아들이는 비율이 높아졌다. 1983년에는 영국인 중 동성애를 '전혀 문제없다'고 생각하는 사람의 비율이 20퍼센트 미만이었지만, 2016년에는 60퍼센트 이상으로 높아졌다.[3] 그와 유사하게 1983년에는 백인 영국인 중 절반 이상이 가까운 친척이 흑인이나 동양인과 결혼한다면 신경이 쓰일 것 같다고 말했었지만, 2013년에는 그 수치가 20퍼센트로 떨어졌다.[4]

편견에 사로잡힌 소수의 행동은 더 극단적으로 변하는 반면, 평균적으로 사회적 태도가 개선되는 것은 충분히 가능한 일이다. 하지만 혐오범죄 뒤에 도사리고 있는 태도를 유지하고 있는 사람의 수가 절반 이상 줄어든 마당에 혐오범죄는 오히려 2배로 증가한 듯 보인다니 놀라운 일이다. 무슨 일이 일어나고 있는 것일까?

먼저 다른 이야기를 해보자. 사회적 소통과 상호작용에 문제가 생기는 발달장애인 자폐증 진단이 오랫동안 계속 증가해왔다. 2000년에 미국 질병통제예방센터 CDC에서는 아동 150명 중 1명꼴로 자폐 스펙트럼 장애 autism-spectrum disorder가 있다고 추정했다. 그런데 2016년에는 그 수치가 54명 중 1명꼴로 바뀌었다.[5] 2000년도 수치 자체도 그전 몇십 년 동안의 추정치보다 몇 배나 높아진 것이었다. 1960년대[6]와 1970년대[7]의 연구들은 자폐증이 2,500명, 심지어 5,000명 중 1명에 불과하다고 제시했었다. 전 세계 국가에서 이와 비슷한 경향이 보인다. 특히 부유한 국가에서 그렇다.

이런 수치 때문에 '자폐증 급속 확산'이라는 뉴스 보도가 나오게 됐다. 다양한 것들이 그 원인으로 지목되었다. 정신과 의사들은 냉담하고 무심한 부모 때문이라 했다(정신과 의사들은 이들을 '냉장고 엄마'라고 표현했다).[8] 하지만 이것은 결국 완전히 틀린 이야기로 밝혀졌다. 정서적으로 냉담한 부모 밑에서 정서적으로 냉담한 아이가 생기는 데는 온갖 이유가 있을 수 있기 때문이다. 나중에는 중금속 오염, 살충제, 전자기복사, 글루텐, 카세인 casein(우유에 포함된 단백질의 일종 – 옮긴이), 그리고 약방의 감초처럼 백신조차도 자폐증의 원인이 될 후보로 부상했다.

하지만 이 중 그 어느 것도 합리적인 설명이 되지 못한다. 예전보다 살충제를 더 많이 쓰는 것도 아니고, 자폐증 원인으로 제일 흔히 지목되는 살충제 글리포세이트 glyphosate가 발달장애와 관련이 있다는 아무런 증거도 없다. 방사선 복사와 자폐증 사이에 상관관계가 있다는 설득력 있는 메커니즘이나 역학적 증거도 없다. 백신론을 뒷받침해줄 증거도 전혀 없다. 게다가 백신이 자폐증을 유발한다면 백신이 도입된 직후에 전국의 자폐증 진단이 치솟아야 하는데 그런 일은 일어나지 않았다. 사실 자폐증을 설명할 설득력 있는 환경 위험 요소를 찾아낸 사람이 아무도 없다. 자폐증은 주로 유전과 무작위성의 조합으로 생기는 듯 보인다.

그렇다면 어째서 자폐증 진단이 그렇게 빠른 속도로 늘어났을까?

아마도 이런 일이 일어났던 것 같다.[9] 1952년에 발표된 《정신장애 진단 및 통계 편람Diagnostic and Statistical Manual of Mental Disorders》 DSM-II에는 '자폐증'에 대한 진단이 아예 포함되어 있지 않다. 자폐증이라는 단어는 아동 조현병 항목에 한 번 언급될 뿐이다. 1980년에 DSM-III이 발표되었는데, 이때부터 자폐증을 별도의 진단명으로 확립했다. 여기서는 자폐증이 뇌 발달에 기원을 둔 '전반적 발달장애'로 기술되어 있으며, 자폐증 진단의 기준을 제시한다. 거기에 포함되는 내용으로는 '타인에 대한 반응성 결여', '언어 발달의 현저한 결함', '환경에 대한 기이한 반응' 등이 있다.[10] 아동이 이런 기준에 해당하고 생후 30개월 이전에 그런 모습을 보일 때는 자폐증으로 진단했다.

DSM-III는 1987년에 더 가벼운 증상도 포함하도록 개정되어 자폐증 진단의 범위가 넓어졌다. 여기서는 자폐증 진단을 위한 기준이 16개의 목록으로 정리되었고(이 중 8개를 충족해야 진단이 이루어진다), 생후 30개월 이상의 아동도 진단이 가능하도록 허용됐다. 처음으로 자폐증이 '자폐증autism'과 '전반적 발달장애pervasive developmental disorder-not otherwise specified, PDD-NOS' 이렇게 두 부분으로 나뉘게 됐다. 그래서 자폐증의 완전한 정의에는 해당하지 않지만, 지원이 필요한 아동도 자폐증 진단을 받을 수 있게 됐다.

1994년에 발표된 DSM-IV는 '스펙트럼'이란 단어를 처음으로 사용해서, 잘 알려진 아스퍼거증후군Asperger's syndrome을 비롯한 다섯 가지 질병을 포함했다.

현재 나와 있는 최신판인 DSM-5(어떤 이유인지 더 이상은 로마 숫자를 사용하지 않는다)는 별개의 진단을 모두 없애고 명확히 구분되지 않는 것 중 세 가지를 '자폐 스펙트럼 장애autistic spectrum disorder'로 묶었다(나머지 두 가지는 자폐증 범주에서 뺐다).

그렇다 보니 '자폐증'의 의미가 수십 년을 거치는 동안 거듭 변화되어왔다. 처음에는 별개의 질병으로 분류되지도 않았다가, 다섯 가지 종류의 질병으로, 그리고 정의가 대단히 폭넓은 한 가지 질병으로 변해온 것이다. 그 기간에 진단 범위가 넓어져서 초기 정의에서는 자폐증에 포함되지 않았던 아동들이 나중에 제시된 정의에서는 자폐증 진단을 받았다.

이로써 자폐증 진단이 그렇게 크게 증가한 이유를 간단하게 설명할 수 있게 됐다. 자폐증이라는 용어의 의미가 몇 번에 걸쳐 바뀌면서 더 많은 사람을 아우르게 된 것이다. 게다가 부모와 의사들 모두 자폐증이라는 증상에 대해 더 잘 알게 되고, 자폐 아동의 삶의 질을 개선할 수 있는 유의미한 방법들이 나오게 되면서, 자폐증 기준을 충족하는지에 관한 검사가 더 많은 아동을 대상으로 이루어지게 됐다.

우리가 현재 '자폐증'과 연관 짓고 있는 심리적 특성은 전체 인구에서 나타나는 분포 및 유병률 측면에서는 아무런 변화가 없을 것이다. 자폐증 발생률이 증가한 것처럼 보이는 이유는 의학계에서 자폐증 측정 기준을 바꾸어왔고, 자폐증에 해당할 수 있는 특성을 더 꼼꼼하게 살펴보게 되었기 때문이다.

통계 기록 방법의 변화는 이런 통계에서 겉보기로 드러나는 경향에 큰 영향을 미칠 수 있다. 예를 들어 경찰이 기록한 바에 따르면, 2002년과 2019년 사이에 잉글랜드와 웨일스에서 성폭행 건수는 약 5만 건에서 15만 건으로 3배 정도 증가했다.[11] 하지만 이것은 역사적으로 경찰과 법정이 성범죄를 진지하게 다루지 않았기 때문에 생긴 일이다(놀랍게도 1991년까지 부부 사이의 강간은 범죄도 아니었다).[12] 사회가 변화하면서 더 잘하라는 압박이 경찰에게 가해졌고, 현재는 성범죄를 더 꼼꼼히 기록하게 됐다.

경찰 데이터를 이용해서 2002년과 2019년의 성폭행 건수를 비교해보고 싶다면, 경찰이 2002년에 사용했던 것과 똑같은 방법, 태도, 기준을 적용해서 기록했을 때, 2019년에는 몇 건이 기록되었을지 살펴볼 방법이 필요하다. 사실 이것은 불가능하다. 하지만 다른 부분을 들여다볼 수 있다.

잉글랜드 및 웨일스 범죄조사Crime Survey for England and Wales, CSEW는 인구집단을 대상으로 자신이 얼마나 자주 범죄의 피해자가 되었는지 묻는 대규모 설문조사다. 이것은 범죄발생 경향을 판단할 목적으로 진행되기 때문에 수십 년에 걸쳐 일관된 조사 방법이 유지된다. 그래서 경찰의 기록 방침에 따라 좌우되지 않는다. 물론 대중의 행동 변화에는 좌우될 수 있다. 예를 들면 사람들이 성범죄에 대해 더 마음 편하게 이야기하고 보고할 수 있게 된 경우다. 여러 가지 이유로 이것은 역사적으로도 사실이었다. 이 데이터는 경찰이 기록한 데이터와 미묘한 차이는 있겠지만, 그래도 현실을 비슷하게 반영하고 있을 것이다.

잉글랜드 및 웨일스 범죄조사에서 발견한 바에 따르면, 그 기간에 실제로 일어난 성폭행은 2004년 80만 건에서 2018년 70만 건으로, 오히려 줄어든 것으로 나왔다.[13] 데이터를 기록하고 측정하는 방식의 변화에는 데이터가 실제와 반대 방향으로 바뀌는 것처럼 보이게 만드는 어떤 경향이 있는 것 같다(하지만 잉글랜드 및 웨일스 범죄조사 데이터는 만 16세에서 59세 사이의 사람만을 대상으로 살펴본 반면, 경찰에서 기록한 데이터에는 아동과 노년층도 포함되어 있다. 이것이 실질적인 차이를 만들 것이라고 생각하지는 않지만, 똑같은 대상을 살펴본 것은 아니라는 뜻이다).

측정과 기록의 관행은 꽤 자주 바뀐다. 그럴 만한 이유가 있을 때가 많다. 코로나19가 발발하고 처음 몇 달 동안에는 그런 일이 계속해서 일어났다. 오랜 시간 동안 미국 대부분의 주에서는 검사실에서 양성으로 확진이 나왔을 때만 코로나19 관련 사망으로 인정했었다. 그러다가 2020년 6월 26일에 몇몇 주에서 '개연적 사망probable death', 즉 증상은 있었지만 실제 검사를 통해 확진되지는 않은 환자의 사망도 포함하기로 합의했다. 검사를 통해 확진으로 판정된 건수만으로는 실제 사망자 수에서 큰 부분을 놓치고 있음이 분명했기 때문이다. 현실은 아무것도 바뀌지 않았지만 2020년 6월 26일에는 사망률이 갑

자기 치솟는 것처럼 보였다.[14]

그럼 혐오범죄에 관해서는 대체 무슨 일이 일어난 것일까? 성폭행 사례처럼, 헤드라인 뉴스에 나오는 숫자들은 경찰에서 기록한 범죄에 대한 보도였다. 그리고 역사적으로도 경찰이 인종에 관련된 것이든, 성별, 장애, 성적 취향에 관한 것이든 혐오범죄에 대해 특별히 진지하게 다루지 않았을 수 있다. 근래에는 다행스럽게도 이런 태도에 변화가 시작됐다.

성폭행 사례처럼 경찰이 만약 2013년의 방식과 태도를 가지고 데이터를 기록했다면 어떤 데이터가 나왔을지 살펴볼 수는 없다. 하지만 이번에도 역시 잉글랜드 및 웨일스 범죄조사 기록을 사용해볼 수 있다. 앞서 말했듯이 이것은 전체 인구집단을 대상으로 진행되는 대규모 설문조사이기 때문에 경찰의 기록 방식에 의존하지 않고도 서로 다른 종류의 범죄 발생률을 살펴볼 수 있다.

이번에도 역시 이 두 수치를 직접 비교해볼 수는 없다. 잉글랜드 및 웨일스 범죄조사 데이터는 경찰 기록과 포함 대상이 다르기 때문이다. 하지만 실제 추세가 반대 방향으로 일어나는 것처럼 보이는 것을 알 수 있다. 잉글랜드 및 웨일스 범죄조사에서 2017년부터 2018년까지의 혐오범죄 발생 건수는 18만 4,000건이지만, 2007년의 약 30만 건, 2013년의 약 22만 건에 비하면 낮아졌음을 알 수 있다. 〈가디언〉에서도 이런 증가에는 범죄 기록 방식의 개선도 한몫했다고 언급했다.

# 경찰에서 기록한 혐오범죄와 잉글랜드 및 웨일스 범죄조사에 근거한 혐오범죄 데이터

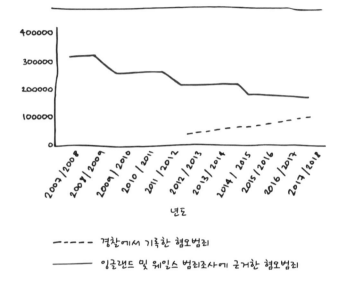

----- 경찰에서 기록한 혐오범죄

―――― 잉글랜드 및 웨일스 범죄조사에 근거한 혐오범죄

그렇다고 괜찮아졌다고는 할 수 없다. 18만 4,000건도 여전히 엄청나게 많은 수다. 실제로 잉글랜드 및 웨일스 범죄조사에서도 2016년 국민투표 이후에 혐오범죄가 실제로 급증하고, 2017년에는 일련의 테러공격이 일어났다는 증거가 나왔다. 이 사례는 기록하고 측정하는 방식에 따라 사회의 모습이 완전히 뒤바뀔 수 있음을 보여준다. 어떤 방식에서는 수치가 증가하는 것으로 나오는데, 어떤 방식에서는 낮아지는 것으로 나올 수도 있다. 언론에서 이런 점을 분명하게 밝히지 않으면,

사람들은 실제로 일어나는 것과는 정반대의 현상이 일어나는 듯한 인상을 받을 수 있다.

# 13장

# 순위 매기기

2019년 BBC 웹사이트에 "국제 학교 순위에서 영국의 순위 상승"이라는 헤드라인이 떴다.[1] 전 세계 아동들의 교육 성취도를 비교하는 PISA 순위에 따르면, 영국은 1년 동안 읽기 능력이 27위에서 14위로 올랐다. 과학과 수학 분야의 순위도 올라갔다. 좋은 일로 들린다. 그렇지 않은가?

분명 그리 나쁜 일은 아니다(적어도 영국에게는 나쁘지 않다. 비록 한 나라의 순위가 올라가면 다른 어느 나라는 내려가야 하지만 말이다). 하지만 이런 조잡한 순위는 수많은 정보를 숨길 수 있다. 이런 순위가 하는 일이라고는 어떤 수치를 제일 큰 것에서 제일 작은 것까지 순서대로 나열하는 것이 전부다. 이런 순위를 통해 누가 1등이고 2등이고 3등이고 꼴등인지는 알 수 있다.

하지만 순위 자체를 신경 쓰는 경우가 아니면 이것으로 알 수 있는 것은 별로 없다.

예를 들면 우리는 영국이 세계에서 다섯 번째로 경제 규모가 크다는, 아니면 적어도 그랬었다는 기사를 많이 읽는다. 국제통화기금IMF에 따르면, 2019년에 이 순위가 인도에 의해 뒤집혔다.[2] 이에 영국 사람은 큰 수치심을 느꼈다. 이 순위에 놀라울 정도로 큰 국가적 자부심을 갖고 있었기 때문이다(사실 이런 일이 처음 일어난 것도 아니다. 영국, 프랑스, 인도는 지난 20년 동안 IMF 순위에서 여러 번 엎치락뒤치락했다. 2017년에는 프랑스가 5위였고,[3] 2016년에는 인도가 5위였다[4]).

하지만 영국이 5등을 하든 6등, 7등을 하든 영국의 관점에서 대체 무슨 차이가 있을까? 그 순위가 영국의 경제에 대해 무엇을 말해주는가?

마지막으로 순위가 발표된 이후로 영국의 경제가 인도만큼 빨리 성장하지 못했다는 것은 알 수 있다. 하지만 이 순위를 보고 영국의 경제 규모가 크다고 할 수 있을까? 그렇게 생각할 수도 있다. 전 세계 195개국 중에 다섯 번째로 규모가 크다면 꽤 큰 것일 테니까 말이다. 그런데 그게 과연 맞는 소리일까?

축구에 비유해보자. 프리미어리그 2018-2019 시즌에서 맨체스터시티는 1등으로, 리버풀은 2등으로 시즌을 마무리했다. 코로나19로 어쩔 수 없이 3개월을 쉰 다음에 개막한 2019-2020 시즌에서는 리버풀이 1등을 하고, 맨체스터시티가 2등을 하며 마무리됐다. 여기서 순위만 따진다면 두 시즌이 꽤 비슷했다고 생각할 수 있다. 하지만 순위는 아주 큰 차이를 숨기고 있다. 2018-2019 시즌에서 맨체스터시티는 리버풀보다 승점 1점을 앞선 상태에서 마쳤다. 반면 2019-2020 시즌에서 리버풀은 맨체스터시티보다 승점 18점을 앞선 상태에서 마쳤다.

그와 비슷하게 IMF 순위에 따르면 GDP(국내총생산)로 따진 전 세계 상위 7개국은 미국, 중국, 일본, 독일, 인도, 영국, 프랑스다.[5] 이 순위는 프리미어리그 2018-2019 시즌처럼 사진 판정이 필요할 정도로 아슬아슬한 차이일까, 아니면 2019-2020 시즌같이 압도적인 차이일까?

한번 들여다보자.

## 순위

| 국가 | 2019년 순위 | GDP (단위: 만 달러) | 전 세계 GDP 지분 |
|---|---|---|---|
| 미국 | 1 | 21,439,453 | 24.57% |
| 중국 | 2 | 14,140,163 | 16.20% |
| 일본 | 3 | 5,154,475 | 5.91% |
| 독일 | 4 | 3,863,344 | 4.43% |
| 인도 | 5 | 2,935,570 | 3.36% |
| 영국 | 6 | 2,743,586 | 3.14% |
| 프랑스 | 7 | 2,707,074 | 3.10% |

영국과 프랑스는 거의 분간이 안 될 정도로 차이가 적다. 영국의 경제 규모는 프랑스보다 불과 1.3퍼센트 크다. 국가의 경제 규모 측정은 까다로운 면이 있기 때문에 이 정도면 아마도 오차범위 안에 들어갈 것이다. 인도 역시 영국보다 7퍼센트 큰 수준이어서 압도적이라 하기 어렵다.

하지만 위로 올라가보면 독일과 만난다. 독일은 영국보다 40퍼센트 더 크다. 그리고 일본은 87퍼센트 더 크다. 중국과 미국은 아예 노는 물이 다르다. 중국의 경제 규모는 영국보다 380퍼센트 크다. 거의 5배 규모다. 미국의 경제 규모는 영국보다 630퍼센트 크며, 7배 이상이다. 누가 5위인가를 두고 벌이는 논쟁은 유로파리그 출전권을 두고 에버턴, 아스널, 울버햄튼 원더러스가 다투는 것과 비슷하다.

규모 면에서 영국의 경제가 아주 큰 축에 속하는지 여부도 답할 수 있다. 전 세계 GDP 지분으로 보면 미국이 차지하는 몫은 정말 거대하다. 전 세계적으로 4달러를 쓸 때마다 1달러는 거의 미국인의 손을 거친다. 그리고 6달러 중 1달러는 중국인의 손을 거친다. 비교를 해보자. 1990년대에 리처드 브랜슨이 코카콜라와 펩시콜라의 경쟁 제품으로 패멀라 앤더슨을 형상화한 병에 담아 출시한 탄산음료 버진콜라<sup>Virgin Cola</sup>는 영국의 콜라맛 탄산음료 시장에서 3퍼센트를 차지할 정도로 성공을 거두었지만 몇 년 후에 단종됐다.[6] 버진콜라는 영국에서 세 번째로 시장 점유율이 높은 콜라 음료였다고 말할 수는 있지만 규모가 컸다고는 할 수 없다. 영국이 세계에서 다섯 번째로 큰 경제 규모를 자랑한다고 하지만 큰 의미는 없다.

하지만 우리는 여전히 많은 정보를 놓치고 있다. 내일 누군가가 무언가를 발명했다고 상상해보자. 누군가가 레몬 2개와 빈 환타 캔을 이용해서 저온 핵융합 에너지 발전 장치를 발명했다고 해보자. 그래서 하룻밤 사이에 전 세계 모든 경제가 10배로 커졌다. 다시 순위표를 보니 영국은 여전히 인도에 뒤이어 여섯 번째 자리를 차지하고 있다. 이것은 그저 각 나라의 GDP 수치에 0을 하나씩 더 그려놓은 것에 불과하다.

상대적 부가 중요한 것은 사실이다. 사람이 부분적으로나마 절대적 부가 아니라 타인에 대한 상대적 부를 통해 행복을 느낀다는 증거도 있다.[7] 하지만 환타 캔 저온 핵융합 장치 발명은 전 세계에 혁명을 불러와 수억 명의 사람을 가난에서 탈출시켜줄 것이다. 하지만 적어도 순위에 있어서는 아무런 변화도 없다. 프랑스는 여전히 7위에서 어기적대고 있을 것이다.

모든 사람을 합친 국가의 GDP가 얼마나 큰지는 개인적으로 별로 중요하지 않다는 점도 주목할 필요가 있다. 리히텐슈타인 Liechtenstein(유럽 중부의 입헌군주제 국가 – 옮긴이)의 경우 GDP가 커질 날은 오지 않을 것이다. 인구가 별로 없기 때문이다. 하지만 그 나라 개개인들은 꽤 부유하게 산다. 인도네시아는 인구가 많아서 GDP가 상당히 크다. 하지만 국민들은 가난한 편이다. 이런 면에서는 1인당 GDP가 더 큰 관심사다. IMF에 따르면 1인당 GDP에서 영국은 28위로 훨씬 아래로 뒤처져 있다.[8]

순위 매기기가 아무런 가치도 없는 것은 아니다. 순위 매기기를 통해 당신이 다른 동료들에 비해 상대적으로 얼마나 잘하고 있는지 알 수 있다. 당신이 외판원이든, 영국 레스터셔 학교 학생이든, 중간 규모의 서구 유럽 민주국가의 국민이든 말이다. 예를 들면 영국이 코로나19 검사에서 독일보다 뒤처지고 있는지 여부, 혹은 다른 국가들과 비교했을 때 영국이 예술이나 국방에 쓰는 돈이 어느 정도인지 알려고 할 때는 유용하다. 하지만 이 경우에도 어떤 데이터를 바탕으로 그 순위를 매긴 것인지 알고 있을 때만 유용하다. 만약 영국이 독일보다 코로나19 검사가 뒤처지고 있는데 독일은 인구 10만 명당 500명을 검사했고, 영국은 499명을 검사한 결과라면 별 신경 쓰지 않을 것이다. 하지만 이 수치가 500 대 50이라면 어디선가 무언가 잘못되고 있는 것이다.

요즘에는 대학 순위, 병원 순위 등 무엇이든 수치화하기 좋아한다. 심지어 카레 식당과 케밥 식당에도 순위를 매긴다.

추가적인 문제점도 존재한다. 주관적 의견을 취합해서 나온 순위가 많다는 점이다. 예를 들어 세계 대학 순위는 학계의 평판에 크게 좌우되며, 대학의 점수 중 40퍼센트가 그런 평판을 바탕으로 나온다.[9] 이 순위를 매길 때는 학자들을 대상으로 설문조사를 해서 200곳의 서로 다른 대학에서 이루어지는 교육과 연구가 얼마나 훌륭하다고 생각하는지 물어본다. 이런 학자들 대부분은 그런 대학의 강의에 한 번도 출석해본 적이 없기 때문에 거의 추측으로 이루어질 수밖에 없고, 따라서 순위도 변덕스럽다. 예를 들어 이 책의 저자 중 한 명인 데이비드 치버스가 공부한 맨체스터대학교는 세계 대학 순위에서는 27위였지만, 〈가디언〉의 영국 대학 순위 목록에서는 40위를 했다.[10] 이것은 분명 터무니없는 결과다. 영국에서 맨체스터대학교보다 나은 대학교가 39개나 된다면 전 세계적으로 맨체스터대학교보다 나은 대학이 26개밖에 없을 수는 없다. 영국도 전 세계에 포함되니까 말이다. 또 한 명의 저자 톰 치버스가 다닌 킹스칼리지런던 King's College London의 경우도 이상하다. 영국에서는 63위를 했는데 전 세계에서는 31위를 차지했다.

이렇게 직관에 어긋나는 결과가 나오는 이유는 어떤 항목을 포함시킬 것인지, 그리고 어떤 항목에 가중치를 둘 것인지에 대한 판단이 다르기 때문이다. '학문적 평판'보다 '학생의 만족'을 더 중요하게 여긴다면 결과가 다르게 나올 것이다. 무엇을 고려할 것인지에 대한 자의적 판단에 따라 상황이 아주 크게 달라진다. 그렇다고 이런 순위 매기기가 모두 틀렸다는 이야기는 아니지만, 순위를 신성불가침의 진리로 보아서는 안 된다.

그럼 다시 처음으로 돌아가 PISA 순위는 어떨까? 무엇을 바탕으로 순위를 매긴 것일까? 이 순위는 쓸모가 있을까?

우선 이것이 대학 순위처럼 주관적이지 않다는 점은 인정하자. 이 점수는 순위에 포함된 모든 국가의 만 15세 학생을 대상으로 실시한 표준화된 시험을 바탕으로 한다. 이 시험의 문제는 수학, 과학, 읽기 능력 등을 다룬다. 그리고 이 시험은 전 세계적으로 타당성을 확보하고 있는 듯 보인다. PISA 검사에서 점수가 높은 학생은 점수가 낮은 학생에 비해 실제 교육에서도 성취도가 더 높고, 나중에 커서도 취직이 잘되는 경향이 있다.[11] 이것은 이 검사가 무언가 실질적인 것을 측정하고 있다는 의미다. 따라서 이 순위 매기기가 아예 무의미하지는 않다.

하지만 PISA 순위는 PISA 점수를 바탕으로 하고, 영국처럼 대부분의 부유한 선진 민주국가는 PISA 점수가 아주 비슷하게 나온다. 예를 들어 읽기 능력을 살펴보자. 영국의 평균 점수는 504점으로 일본과 같다. 호주보다는 1점 높고, 미국보다는 1점 낮다.[12] 이 점수는 555점(중국의 4개 지방)에서 320점(멕시코와 필리핀)에 이르기까지 다양하게 나온다. 그리고 대부분 부유한 선진 민주국가에 해당하는 20개 국가가 493점에서 524점 사이에 몰려 있다. 통계적으로 유의하지 않는 작은 변화만으로도 영국의 순위가 한참 아래로 떨어질 수 있다. 사실 PISA 점수를 보면 영국이 스웨덴(506점), 그리고 뉴질랜드, 미국, 일본, 호주, 대만, 덴마크, 노르웨이, 독일(이하 498점)과 통계적으로 구분이 불가능하다는 것을 알 수 있다. 이론적으로는 한 국가가 실질적으로 아무것도 변하지 않아도 20위에서 11위로 뛰어오를 수 있다. (수학 분야에서 영국의 순위는 27위에서 18위로 상승했다. 듣자 하니 이것은 통계적으로 유의한 결과였다고 한다. 하하.)

이 경우도 마찬가지로 순위 매기기가 쓸모없다는 의미는 아니다. 하지만 순위 그 자체만으로는 그다지 도움이 되지 않는다는 의미는 맞다. 순위에 덧붙여 그 순위를 매기는 데 사용된 점수, 그 점수가 만들어진 방식을 알아야 한다. 자기가 응원하는 축구팀이 경쟁팀보다 1점 높은 점수로 시즌을 마쳤는지는 중요하지만, 영국의 경제 규모가 인도보다 1퍼센트 낮은 것은 중요하지 않을 수 있다.

# 14장

# 이것이 문헌을 대표하는가

좋은 소식이 있다! "하루에 레드와인을 작은 잔으로 한 잔씩 마시면 당뇨병, 알츠하이머병, 심장질환 같은 노화 관련 건강 문제를 피하는 데 도움이 된다"라는 연구가 나왔다.[1]

하지만 잠깐! "레드와인 한 잔은 심장에 좋지 않다—과학자들, 적절한 음주가 건강에 이롭다는 신화를 뒤집다."[2]

흠.

또 좋은 소식! "항산화 성분이 풍부한 레드와인을 하루에 한 잔씩 마시면 남성의 전립선암 위험이 10퍼센트 이상 대폭 줄어든다."[3]

하지만 다시 잠깐! "와인을 하루에 한 잔만 마셔도 암 발병 위험이 높아져—연구를 통해 폭음이 최소 7가지 형태의 질병과 관련이 있음이 밝혀져…"[4]

그렇다. 레드와인 애호가이자 〈데일리 메일〉 독자로 산다는 것은 롤러코스터 같은 삶이다. 이 헤드라인 기사들은 모두 지난 5년간 이루어진 실제 연구를 바탕으로 나온 것이다. 〈데일리 메일〉에서 꾸며낸 이야기가 아니다(〈데일리 메일〉만 이런 성향을 갖고 있는 것도 아니다). 그럼 대체 무슨 일일까? 레드와인은 우리에게 장수를 선물하고 있을까? 죽음을 선물하고 있을까?

3장의 표본 크기와 5장의 p값을 다시 생각해보자. 연구를 진행하든 여론조사를 하든, 혹은 표본 추출 방식을 이용해서 무언가 알아내려고 하든(예를 들면 얼마나 많은 사람이 노동당에 투표할지, 어떤 약이 질병 치료에 얼마나 효과가 있을지 등), 거기서 얻은 결과가 꼭 정확한 진실이라 할 수는 없다. 편향되지 않은 표본을 추출해서 연구를 잘 진행했더라도 거기서 얻은 결과가 무작위성 때문에 실제 진실보다 더 높거나 낮게 나올 수 있다. 순전히 우연의 작용 때문에 말이다.

여기엔 분명한 함축적 의미가 있다. 피시핑거 fish finger(냉동 물고기를 길게 자르고 튀김 옷을 입혀 기름에 튀긴 음식 – 옮긴이)를 먹으면 코골이 위험이 살짝 줄어든다고 상상해보자(솔직히 가능성이 아주 낮은 시나리오지만 어쨌거나 그렇다고 상상을 해보자).

그리고 지금까지 피시핑거가 코골이에 영향을 미치는지 여부를 살펴본 여러 연구가 있었다고 해보자. 그리고 어떤 실험은 규모는 좀 작지만 진행 과정은 완벽했고, 출판 편향 publication bias(15장 참고), p-해킹(6장 참고), 혹은 다른 의심스러운 통계적 관행도 없었다고 해보자(이것 역시 가능성이 아주 낮은 시나리오지만, 그렇다고 가정해보자).

우리는 연구 결과들을 평균했을 때 피시핑거를 먹는 사람이 살짝 코를 덜 골 것이라 예상한다. 하지만 개별 연구들은 조금 다른 결과를 내놓을 수 있다. 이 연구들이 정말로 편향되어 있지 않다면 정규분포(3장 참고) 안에서 진짜 효과를 중심으로 무리 지어 있을 것이라고 예상할 수 있다. 그래서 어떤 연구는 좀 높게 나오고, 어떤 연구는 낮게 나오겠지만 대부분은 올바른 값 주변으로 몰려 있을 것이다.

피시핑거와 코골이 사이의 관계에 관한 연구가 아주 많다면 그중 일부는 현실을 제대로 대표하지 않은 결과를 내놓을 것이다. 이런 연구는 그 효과를 과대평가할 수도, 과소평가할 수도 있다. 아니면 효과가 없다거나, 피시핑거가 오히려 코골이를 유발한다는 결과도 나올 수 있다. 다시 한번 말하지만 이런 연구나 출판 과정이 잘못된 것은 아니다. 이런 것들 모두 그저 우연의 작용일 뿐이다.

여기서 해야 할 일은 이 연구들이 어떤 값을 중심으로 펼쳐져 있는지, 즉 평균적인 결과가 무엇인지 살펴보는 것이다. 사람들이 학술논문의 앞부분에서 문헌 검토를 하는 이유도 이 때문이다. 자신의 연구 결과를 전체 과학문헌의 맥락 안에서 검토하기 위함이다. 연구자들이 메타분석을 할 때도 있다. 메타분석은 기존에 존재하는 모든 문헌을 검토하여 그 결과들을 종합하는 학술 논문이다. 만약 충분한 수의 연구가 나와 있고,

연구 과정이나 출판 과정에서 체계적인 편향이 존재하지 않았 다면(앞에서 말했듯이 이 둘은 아주 큰 '만약'이다), 이것을 모두 종합 한 결과를 보면 그 진정한 효과가 무엇인지 알 수 있을 것이다.

이것이 과학이 발전하는 방식이다. 적어도 이론적으로는 그렇다. 새로운 연구가 나올 때마다 그 결과가 기존의 내용을 보강해준다. 이 새로운 데이터는 과학적 이해에 대한 합의를 근본적 실재에 더 가까이 다가가게 해준다.

이번에는 새로운 연구 결과가 나왔는데, "이 연구는 그 근본적 실재에 대한 우리의 이해를 조금씩 수정하며 보강해주고 있다"라고 말하는 대신 기존의 연구는 당장에 내다 버리라며 이렇게 말하고 있다고 상상해보자. "이 새로운 연구는 기존의 모든 연구가 틀렸음을 증명하고 있다. 피시펭거는 오히려 코골이를 일으킨다. 우리가 앞에서 했던 말은 모두 잊어라."

새로운 연구 논문이 등장할 때마다 기자들이 이런 식으로 쓰고 있다. 어떤 연구가 하나 나오면 기존 연구의 맥락 같은 것은 따져보지도 않고 이런 기사가 나온다. "혁신적인 새로운 연구가 밝혀낸 바에 따르면 피시펭거가 오히려 코골이를 유발한다!"

기자의 입장에서도 솔직히 이것은 해결하기 쉽지 않은 문제다. 신문은 새로운 뉴스에 대해 보도한다. 과학에서 제일 눈에 띄는 뉴스는 새로운 연구의 출판이다. "새 연구에서 새로이 밝혀진 것이 별로 없으니 기존 연구의 맥락 안에서 살펴보아야 할 것이다"라는 헤드라인을 내보내서는 사람들의 시선을 끌지 못한다. 게다가 대부분의 기자들은 독자들과 마찬가지로 과학논문은 혼자 동떨어져 있는 것이 아니라 신체의 일부처럼 취급해야 한다는 사실을 깨닫지 못할 수 있다. 그래서 이렇게 생각해버린다. '보아하니 이번 주에는 레드와인이 몸에 좋은가 보군.' 더군다나 많은 언론이 경제적으로 점점 궁핍해지고 있다 보니 과학부 기자들이 하루에 5건 이상의 기사를 써야 하는 경우도 많아지고 있다. 그럼 다른 과학자들에게 전화를 걸어 새로운 연구의 맥락을 확인해보기는커녕, 보도자료를 받아서 쓰기도 벅차다.

하지만 그래도 이런 상황은 문제가 아닐 수 없다. 독자들에게 특정 대상의 위험에 대해, 그리고 과학적 과정 자체에 대해 오해를 불러일으킬 수 있기 때문이다. 매주 새로운 연구가 발표될 때마다 피시핑거와 코골이 사이의 상관관계가 변하는 것처럼 보인다면, 독자들은 과학을 기본적으로 이야기를 지어내는 활동으로 오해할 수 있다.

피시핑거와 코골이 이야기는 실없는 사고실험이지만 이런 일은 현실에서도 항상 일어나고 있다. 〈데일리 메일〉을 계속 괴롭혀보자. 구글에서 '새로운 연구에 따르면 new study says'을 검색해보면 5,000개가 넘는 검색 결과가 나온다. 비만이 뇌 기능에 미치는 영향부터 소셜미디어와 스트레스의 관련성, 커피가 장수를 도와주는지에 이르기까지 주제도 다양하다. 이런 연구들이 진짜일까? 그렇다. 그럼 각각의 연구가 현재 과학에 대한 이해를 정확히 보여주고 있는가? 아마도 아닐 것이다.

상황은 더 심각해진다. 자폐증이 있는 사람의 뇌에서 알루미늄이 고농도로 발견되었다는 한 연구가[5] 2017년에 언론의 주목을 받았다.[6] 이 연구는 환경이 자폐증에 미치는 영향을 찾아내려 애쓰고 있는 광범위한 문헌들을 대표하지 않는다. 그저 백신에 대한 대중의 공포만 더 키워놓았다(일부 백신에 알루미늄이 들어 있기 때문이다).

말이 나온 김에 백신 공포증과 자폐증에 대한 이야기를 좀 더 해보자. 이 공포증의 할아버지뻘 되는 연구가 있다. 1998년에 앤드루 웨이크필드와 그 동료들이 〈랜싯〉에 발표한 연구다. 이 연구는 MMR 백신과 자폐증 사이의 관련성을 발견했다고 주장했다. 하지만 이 연구 자체는 통계적 이상치에 가까웠다.[7] 한 소규모 연구에서 뜻하지 않은 결과가 나온 것뿐이다. 과학 보도에 성숙한 태도로 접근했다면 이 연구가 사기로 밝혀지지 않았더라도 그저 소소한 흥밋거리로만 여겼을 것이다.[8] 단일 연구를 큰 그림의 한 단면으로 생각하지 않고 아예 진실로 받아들이는 언론의 성향 때문에 이것이 거대한 건강 불안증으로 이어져 전 세계적으로 백신 접종률이 떨어졌고, 결국 소수의 아동이 홍역으로 사망하거나 장애를 안게 되는 결과로 이어졌다.[9] 가끔은 단일 연구의 중요성에 대해(보통은 별로 중요하지 않다) 정확한 느낌을 전달하는 것이 정말로 중요하다.

그렇다면 레드와인과 건강에 대해서는 어떤 합의가 이루어지고 있을까? 천차만별의 헤드라인 뉴스가 등장하고 있지만 여러 해 동안 와인에 대한 공중보건 입장은 그리 바뀐 것이 없다. 소량의 술(대략 일주일에 4리터 정도의 맥주나 그와 대등한 양)을 마시는 사람은 아예 마시지 않는 사람보다 살짝 더 오래 사는 경향이 있다. 하지만 알코올 섭취량이 그보다 많아지면 기대수명이 다시 떨어지기 시작한다. 이런 연구 결과는 대규모 연구에서 거듭,[10] 거듭,[11] 다시 거듭해서[12] 나타났다. 이것은 J형 곡선으로 표현된다. 비스듬한 J형 모양, 혹은 나이키 상표 그림처럼 처음에는 사망률이 떨어지다가 다시 올라간다.

그 효과는 작고, 그런 효과를 나타내는 원인이 무엇인지는 불분명하다. 예를 들어 음주를 자제하는 사람은 조기 사망 가능성을 높이는 다른 건강상의 이유가 있어서 자제하는 것일 수 있다. 하지만 소량의 알코올 섭취가 완전한 금주보다 약간의 보호 효과가 있는 것 같다는 데 의견이 모이는 것 같다. 레드와인이 특별히 더 그런 것인지는 불분명하다.

그 효과가 작기 때문에 새로운 연구에서는 소량의 알코올이 몸에 좋다는 결과도, 나쁘다는 결과도, 아무 효과 없다는 결과도 모두 쉽게 나올 수 있다. 새로운 연구는 맥락 안에서 살펴보아야만 의미가 통한다. 특히나 건강 및 생활방식과 관련된 글에서 "새로운 연구에 따르면"이라는 구절이 들어가 있으면 아무래도 경계하는 것이 좋겠다.

"돈이 사람을 사악하게 만드는가?" 2015년 BBC 뉴스 헤드라인에서 이렇게 물었다.[1] 이 뉴스는 '금전 점화money priming'에 관한 연구를 이야기하고 있었다. 금전 점화는 돈이 우리의 행동에 어떤 영향을 미치는지 조사하는 심리학 분야다. 이 뉴스는 돈과 관련된 단어로 이루어진 문장을 해독하는 과제 등을 이용해서 누군가를 돈이라는 개념으로 '점화priming'(시간적으로 먼저 떠오른 개념이 이후에 제시되는 자극의 지각과 해석에 영향을 미치는 현상 – 옮긴이)하면 타인을 돕거나 자선단체에 기부할 확률이 낮아진다는 것을 밝혀낸 연구에 관해 이야기했다.[2]

금전 점화, 그리고 그것을 포괄하는 더 넓은 분야인 사회적 점화social priming는 21세기 초반 10년 동안에 인기를 얻었다.

이 분야는 위에서 이야기한 것 외에도 사회적 점화의 경우 누군가를 나이와 관련된 단어('주름살', '플로리다' 등 - 미국인들은 '플로리다'라고 하면 은퇴를 떠올리는 것 같다)로 점화하면 실험실을 떠날 때 걸음걸이가 늦어진다는 등의 놀라운 연구 결과를 내놓았다.

사회적 점화는 아주 큰 건이었다. 인지편향cognitive biases 이해의 선구자이며 아모스 트버스키Amos Tversky와 함께 노벨 경제학상을 수상한 위대한 심리학자인 대니얼 카너먼Daniel Kahneman은 2011년에 놀라운 점화 효과에 관해 '이것을 믿고 말고는 선택의 문제가 아니다'라고 했다.[3] 무인판매함 위에 한 쌍의 눈 그림을 그려놓으면 중립적인 꽃 그림이 그려져 있는 것보다 사람들이 상자에 돈을 더 많이 넣는다거나,[4] 동료를 뒤에서 칼로 찌르는 등의 부끄러운 행동에 대해 생각하면 자신의 영혼을 깨끗하게 씻기 위해 평소보다 더 많은 비누와 소독제를 구매한다는 것과 같은 현상을 맥베스 부인 효과Lady Macbeth effect라고 한다.[5]

하지만 2014년에 BBC나 〈애틀랜틱The Atlantic〉에 실린[6] 장문의 기사 등이 출판될 즈음 금전 점화에 관한 연구는 난항을 겪고 있었다. 사람들은 초기 연구자들과 같은 연구 결과를 내놓으려고 애를 쓰고 있었지만, 그런 결과가 아예 나오지 않거나 훨씬 효과가 작거나 그다지 인상적이지 못했다. 대체 무슨 일일까?

많은 일이 일어나고 있었다. '재현성 위기'에 관해서는 읽어볼 만한 훌륭한 책이 많이 나와 있다. 재현성 위기란 과학의 많은 영역, 그중에서도 심리학, 특히 그중에서도 사회적 점화 영역에서 과거의 연구들을 꼼꼼하게 검토해보니 유효하지 않은 연구 결과가 많다는 것을 갑자기 깨닫게 된 현상을 말한다. 하지만 우리가 여기서 살펴볼 부분은 과학에서의 새로움에 대한 요구다.

과학적 방법론의 중심부에 큰 문제가 자리 잡고 있다. 연구자 중에는 편법을 쓰는 사람도 있지만 엄밀히 말하면 이것이 개별 연구자들의 잘못은 아니다. 놀랄 일도 아니지만 대중언론에서 과학뿐만 아니라 온갖 것을 보도하는 방식에도 문제가 존재한다. 그 문제란 과학 학술지에서 흥미로운 과학적 결과를 출판하길 원한다는 것이다.

언뜻 듣기에는 그것이 무슨 문제인가 싶을 수도 있다. 흥미로운 결과를 출판하는 것이 바로 과학 학술지가 해야 할 일이 아니냐고 반문할 수도 있다. 그 어떤 새로운 것도 말해주지 않는 지겨운 연구 결과를 출판하는 것이 대체 무슨 소용이란 말인가? 하지만 사실 그것이 문제, 그것도 아주 큰 문제다. 새로운 이야기(그리고 더 중요하게는 과학문헌)에 들어가는 수많은 수치가 틀렸거나 오해를 불러일으키게 되는 주요 원인도 바로 그것이다.

이런 새로움에 대한 요구가 노골적일 때도 있다. 2011년에 한 유명한 연구가 심리학계를 뒤흔들어놨다. 대릴 벰Daryl Bem의 〈미래를 느끼기: 인지 및 감정에 변칙적으로 소급 작용하는 영향력에 대한 실험적 증거〉라는 연구였다.[7] 이 거추장스러운 제목은 누가 봐도 알 수 있는 특별한 연구 결과를 숨기고 있다. 사람들에게 초자연적인 예지력이 있어서 미래를 느낄 수 있다는 주장이었다.

벰의 연구는 몇몇 고전적인 심리학 실험 방법을 가져다가 뒤집어놓았다. 그중 하나가 위에서 언급한 사회적 점화와 비슷한 점화 실험이다. 잠재의식적 이미지로 누군가의 행동을 변화시킬 수 있는지를 알아내려 한다고 해보자. 잠재의식적 이미지란 너무 빨라 의식이 감지하지 못할 정도로 아주 짧은 시간 동안만 보이는 이미지다. 예를 들면 사람들에게 나무 같은 대상의 동일한 사진 두 장을 하나는 스크린 왼쪽에, 하나는 스크린 오른쪽에 보여주며 어느 쪽이 더 마음에 드는지 물어볼 수 있다. 두 이미지가 나타나기 직전에 폭력적이거나 역겨운, 불편한, 혹은 불쾌한 이미지가 왼쪽이나 오른쪽에 튀어나왔다가 사라진다. 이 이미지는 너무 빨리 나타났다 사라지기 때문에 감지하지 못한다. 하지만 약 20년 전에 사람들의 관심을 크게 끌었던 '잠재의식적 광고subliminal advertising'라는 개념을 뒷받침하고 있는 가설에서는, 의식은 알아차리지 못해도 무의식은 그 이미지를 감지한다고 주장한다. 이 불쾌한 이미지가 왼쪽에서 나타났었다면 왼쪽 나무가 더 마음에 든다고 말하는 확률이 낮아질 수 있다. 불쾌한 이미지가 오른쪽에 나타났었다면 오른쪽 나무를 선택하지 않을 수 있다. 이것은 인기 있는 사회적 점화의 하위 분야로 흔히 사용되던 실험 모형이었다.

벰의 연구도 정확히 이런 식으로 진행했지만 흥미로운 반

전이 있었다. 그 순서를 뒤집어서 점화 이미지를 나무 같은 그림 이후에 나타나게 만든 것이다. 그런데 기이하게 여기서도 실험 참가자들이 기분 나쁜 점화 이미지와 같은 위치에 나타난 나무를 선택하는 확률이 낮았다. 그 효과는 작았지만 통계적으로 유의했다. 이 연구는 이것이 심령 능력의 산물일 수밖에 없다고 아주 진지하게 주장했다.

물론 이 책을 여기까지 읽어온 독자라면 다른 설명이 가능하다는 것을 알고 있을 것이다. 그냥 요행일 수 있다. 가끔은 그저 데이터에 잡음이 끼어드는 바람에 연구에서 거짓 결과가 나올 수 있다. 진짜 결과도 나올 수 있다. 더 큰 결과가 나올 수도 있고, 더 작은 결과가 나올 수도 있다.

이 책을 읽고 있는 대부분의 사람은 아마도 전체 인구에서 심령 능력의 '진짜' 수준은 0이라 생각할 것이다. 하지만 데이터에 들어 있는 무작위 오류 때문에 마치 그런 능력이 존재하는 것처럼 보이는 연구 결과가 나올 수 있는데 그런 일은 드물지 않다.

14장에서 보았듯이 달랑 논문 하나만 가지고 과학을 생각하지 않고, 또 생각해서도 안 되는 이유가 바로 이 때문이다. 그 연구가 다른 모든 연구를 종합한 내용 속에 잘 녹아 드는지를 따져보아야 한다. 한 주제에 관해 나와 있는 모든 연구를 가져다가 종합하는 메타분석이나 문헌 검토를 통해 과학계의 합의가 이루어지는 상황에 도달할 수 있다. 1개의 연구에서는 심령 능력이 진짜로 존재한다는 결과가 나오고 99개의 연구에서는 그렇지 않다는 결과가 나왔다면, 그 1편의 논문은 그냥 요행으로 나온 이상치로 무시할 수 있을 것이다.

하지만 이렇게 하기 위해서는 해당 주제에 대해 진행된 모든 연구가 출판되어야 한다. 하지만 과학 학술지에서는 흥미로운 과학적 결과를 출판하고 싶어 하기 때문에 그런 일이 일어나지 못한다. 벰의 연구의 경우에는 그런 일이 일어나지 못한 이유가 분명하게 드러났다. 스튜어트 리치 Stuart Ritchie, 리처드 와이즈먼 Richard Wiseman, 크리스 프렌치 Chris French 등으로 이루어진 과학자 집단이 새로운 연구에서 벰의 연구 결과 중 하나를 재현해보려 했지만 실패해서 무위 결과가 나왔다. 그리고 벰의 논문을 출판했던 학술지인 〈성격 및 사회심리학 저널 Journal of Personality and Social Psychology〉에서는 이 논문의 출판을 거부했다.[8] 이 학술지에서는 옛날 연구를 지겹게 재현하는 일에는 흥미가 없었고, 새롭고 신선한 결과를 원했다.

결국 이 논문은 공개접근 학술지인 〈플로스 원 PLOS One〉을 통해 발표됐다.[9] 하지만 이 논문이 발표되지 않았더라면 이 주제로 메타분석을 해보려는 사람은 결과가 나온 벰의 논문만을 찾고 다른 논문은 찾지 못했을 것이다. 학술지에서 새로움을 요구하는 바람에 심령 능력이 진짜로 존재한다는 과학적 합의가 이루어진 것처럼 보이는 결과를 낳을 뻔했다. 사실 벰의 연구는 심리학에서 아주 큰 소란을 일으켰다. 연구자들이 심령 능력이 실제로 존재하거나, 아니면 심리과학을 뒷받침하고 있는 실험적·통계적 방법론이 무의미한 허튼소리를 대량으로 만들어낼 능력을 갖고 있거나, 이 두 가지 불쾌한 진실 중 하나를 받아들여야 한다는 것을 깨닫게 됐기 때문이다. (벰이 나중에 리치와 그 동료들의 연구논문과 다른 몇 편의 논문을 포함해 직접 메타분석을 해보았는데, 심령 능력이 실제로 존재하는 것으로 나왔다는 점에 주목할 필요가 있다.[10] 출판 편향과 모든 것들을 검토했는데도 그런 결과가 나왔다. 따라서 메타분석에서조차 심령 능력이 실제로 존재하거나, 심리학을 뒷받침하는 실험적·통계적 방법론이 무의미한 허튼소리를 만들어낼 능력이 있거나 둘 중 하나라는 소리다.)

새로움에 대한 이런 요구가 과학에서 '출판 편향'이라는 근본적인 문제를 만들어냈다. 심령 능력이 실제로 존재하는지를 두고 수행된 연구가 100건이 있는데, 예를 들어 92건에서는 그런 능력이 존재하지 않는다는 결과가 나오고 8건에서는 존재한다는 결과가 나왔다면, 이는 존재하지 않는다는 좋은 지표가 된다. 하지만 새로움을 추구하는 학술지에서 긍정적인 결과가 나온 8건만 출판한다면 세상은 우리가 미래를 내다볼 능력을 갖고 있다고 믿게 될 것이다.

말도 안 되는 심령 능력 연구야 그렇다 쳐도, 출판 편향 때문에 의사들이 실제로는 효과도 없는 새로운 항암치료제를 처방하게 된다면 큰 문제가 될 수 있다. 불행히도 이런 일이 일어나고 있다. 30여 년 전에 연구자 R. J. 심즈는 선등록한 후에 발표된 암 연구는(연구를 선등록한다는 말은 거기서 아무것도 찾아내지 못했다고 해도 발표되지 않거나 조용히 한쪽 구석에 처박힐 수 없다는 의미다. 자세한 내용은 다음 쪽 박스를 참고하라) 그렇지 않은 연구보다 긍정적인 결과를 내놓을 확률이 훨씬 낮아진다는 점에 주목했다. 이는 선등록되지 않은 연구 중에서 상당수가 출판되지 않고 있다는 것을 암시한다.[11] 한 집단에서 항우울제의 효과를 리뷰해보았더니 55건의 연구 중 13건은 아예 출판되지도 않았음을 발견했다. 그래서 이 연구에서 나온 데이터도 나중에 추가해서 결과를 내보니 항우울제의 효과가 4분의 1 정도 낮게 나왔다.[12]

---

* 이 박스 글을 반드시 읽거나 이해할 필요는 없지만 '깔때기 도표'와 '출판 편향'에 대해 알고 싶다면 계속 읽어보자.

한 분야에서 출판 편향이 존재하는지를 확인하는 똑똑한 방법이 있다. 깔때기 도표funnel plot라는 방법이다. 깔때기 도표는 한 주제와 관련된 모든 연구 결과를 도표로 나타내는 것인데, 규모가 작고 통계적으로 약한 연구는 도표의 아래쪽에, 규모가 크고 통계적으로 강한 연구는 위쪽에 나타낸다. 출판 편향이 없는 경우는 연구들이 대략 삼각형 모양으로 나타나야 한다. 규모가 작고 통계적으로 약한 연구는 바닥을 중심으로 넓게 퍼져 있게 된다(규모가 작은 연구에서는 무작위 오류가 더 많기 때문이다). 규모가 크고 강한 연구들은 위쪽에 더 좁게 뭉쳐 있다. 이런 연구들은 다음의 그림처럼 동일한 평균을 중심으로 뭉친다.

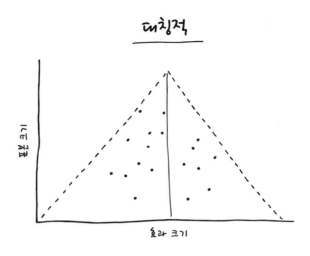

하지만 일부 연구가 진행되고도 출판되지 않은 경우에는 그 연구를 볼 수 없다. 아무것도 발견하지 못한 연구들은 등장하지 않는다. 그럼 깔끔한 삼각형 대신 아래 그림처럼 한쪽으로 치우친 형태가 나온다.

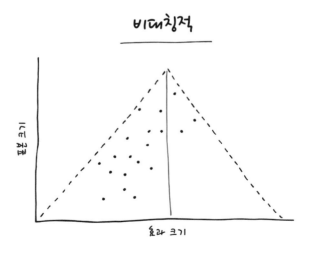

이것은 마치 만화 〈로드러너Roadrunner〉에 나오는, 총알구멍으로 뒤덮인 벽 같다. 한 부분에 총알에 뚫리지 않은 코요테 모양의 공간이 보인다. 이런 빈 공간 자체가 무언가 일이 벌어지고 있음을 말해준다. 물론 그냥 순전히 우연으로 기관총이 코요테 모양의 그 벽 부분에서만 작동하지 않은 것일 수도 있다. 아니면 지독히 운이 없는 코요테가 그때 하필 그곳에 서 있어서 그 부분만 총알이 벽에 닿지 않은 것일 수도 있다.

마찬가지로 순전히 우연 때문에 규모가 작고 약한 연구들은 모두 평균보다 큰 결과만 나오고, 평균보다 작은 결과를 내놓은 연구는 하나도 없는 것일 수도 있다. 아니면 그런 연구들도 있었지만 출판 편향의 마법 때문에 하나도 출판되지 않으면서 채워져야 할 자리가 비어 있는 의심스러운 공간이 생겨난 것일 수도 있다. 다른 이유로도 이런 형태의 깔때기 도표가 나올 수 있지만, 이것은 출판 편향이 생겼다는 암시다.

출판 편향을 확인하는 방법이 이것만 있는 것은 아니다. 그냥 연구자들에게 연락해서 수행해놓고 출판되지 않은 연구가 있는지 확인한 후에 출판되지 않은 연구가 출판된 연구와 다른 결과를 내놓는 경향이 있는지 확인해보면 된다. 실제로 그렇다고 확인되는 경우가 많다.[13]

제약회사의 경우 기업의 노골적인 탐욕 때문에 이런 일이 일어나는 것이라 말할 수도 있다. 항우울제 연구에서 그 약이 효과가 없다는 결과가 나오면 약을 팔아 돈을 벌 수 없을 테니까 말이다. 그럴 수도 있다. 하지만 한 연구 결과를 보면 산업계에서 후원을 받는 실험은 실제로 자신의 결과를 1년 이내로 발표할 확률이(미국 법의 요구사항) 다른 연구보다 높은 것으로 나왔다.[14]

그보다는 대부분의 학술지에서 연구의 결과를 보고 출판 여부를 결정한다는 것이 가장 큰 원인이다. 당신이 예를 들어 식당에서 음식을 주문하기 전에 프랑스 국가 '라마르세예즈La Marseillaise'를 콧노래로 부르면 사람들이 프렌치프라이를 선택하는 확률이 높아지는지를 연구한다고 해보자. 보통은 연구를 학술지에 제출하는 시기는 이런 연구 아이디어가 떠올랐을 때가 아니라 연구 결과가 나왔을 때다.

"라마르세예즈를 콧노래로 부르는 것이 음식의 선택에 영향을 미치지 않는다"라는 연구 결과는 과학 학술지에 싣기에는 너무 따분한 제목이다. 그래서 대부분의 학술지에서는 출판을 거부한다. 하지만 콧노래가 실제로 음식 선택에 영향을 미치지 않는다고 가정할 때, 20개 집단에서 동일한 연구를 진행했는데 평균적으로 그중 하나가 순전히 요행으로 통계적으로 유의한($p < 0.05$) 결과를 얻었다면(언제나처럼 연구가 적절하게 진행되었다고 가정) 그 연구는 과학문헌에 실려 뉴스 헤드라인에 등장하게 된다.

이 장의 앞부분에 언급한 금전 점화 연구에서도 이런 일이 일어났다. 한 메타분석에서 출판 편향이 문제를 일으켰는지 판단하기 위해 깔때기 도표(앞의 박스 글 참고)를 이용했는데, 실제로 문제가 있었다.[15] 돈 점화는 실제로 존재하는 효과인지도 모른다. 하지만 거기에 쏠린 관심에 비하면 그 효과가 크지 않은 것으로 보인다. 음성 결과를 얻은 연구 중에 연구자의 파일 서랍장에 잠자고 있던 것이 많았기 때문이다.

상황은 사실 그보다 더 안 좋다. 과학자들은 음성 결과가 나온 논문은 학술지에서 잘 출판하지 않는다는 것을 안다. 아예 보내지도 않거나 데이터를 새로운 방식으로 재분석하거나 일부 이상치를 제거하는 식으로 결과를 살짝 수정해서 양성 결과가 나오게 만든다. 과학자의 경력은 논문을 출판하거나 망하거나 둘 중 하나다. 과학학술지에 논문을 출판하지 못하면 앞으로 나갈 수도 없고, 종신 교수직도 얻을 수 없다. 그래서 과학자들은 논문을 출판하는 데 혈안이 되어 있다. p-해킹의 유혹을 느낄 수밖에 없는 것이다.

대중언론의 독자들은 상황이 더 안 좋다. 설사 음성 결과가 나온 연구들까지 모두 출판이 된다고 하더라도 "라마르세예즈를 콧노래로 부르는 것은 흥미로운 효과가 하나도 없다"라는 지겨운 뉴스는 보도되지 않는다. 언론에서는 새로움에 대한 요구가 특히나 심하다. 뉴스는 말 그대로 새로운 소식을 의미하니까 말이다. 신문에서는 비행기가 안전하게 착륙했다는 지루하고 흔한 이야기보다는 비행기가 추락했다는 새롭고 흥미진진하고 희귀한 이야기를 보도한다. 그래서 과학문헌에서 그렇듯, 대중적 논의에서도 흥미진진하고 위험한 일들이 실제보다 더 자주 일어나는 것처럼 현실이 왜곡된다. 사실상 이 둘은 동일한 과정이다.

과학에서 이런 문제를 줄일 방법들이 있다. 그중 가장 유망한 것은 등록 보고 Registered Reports 라는 것이다. 학술지는 논문에서 사용하는 방법론을 검토해서 연구를 출판할지 결정하고, 그 후로는 어떤 결과가 나오든 출판해서 출판 편향을 피하는 것이다. 한 연구에서는 심리학 분야에서 표준의 심리학 연구와 등록 보고 연구를 비교했는데, 표준 연구에서는 96퍼센트가 양성 결과를 내놓았지만, 등록 보고에서는 44퍼센트만 양성 결과를 내놓았음을 알아냈다. 이는 표준 방식에 큰 문제가 존재함을 암시한다.[16] 등록 보고는 빠르게 저변을 넓히고 있다. 바라건대 이른 시일 안에 이것이 주류로 자리 잡았으면 한다.

물론 주류 언론이 아무것도 발견하지 못한 지루한 연구를 보도하거나 비행기가 파리 드골 공항에 무사하게 착륙할 때마다 보도하게 만들 현실적인 방법은 없다. 하지만 언론이 과학계의 이런 문제에 대해 떠드는 일은 할 수 있을 것이다. 그렇게 사람들의 관심이 모이면서 더 많은 학술지가 등록 보고 방식이나 다른 합리적인 개선 방식을 채택할 수 있게 되기를 바란다. 출판 편향은 아주 근본적인 문제이고, 우리가 뉴스에서 읽는 수치를 신뢰할 수 없는 큰 이유이기 때문이다.

# 16장
# 체리피킹

2006년으로 시간을 거슬러 가보자. 당시 호주의 지질학자 밥 카터는 〈데일리 텔레그래프〉에 이런 글을 올렸고, 헤드라인 뉴스로 올라왔다. "지구가 온난화되고 있다는 주장에는 문제가 있다. 지구온난화는 1998년에 멈췄다."[1] 이 기사는 1998년 이후로 8년 정도에 걸쳐 비슷한 맥락에서 나온 여러 기사 중 하나이다. 이런 기사 중 다수가 〈데일리 텔레그래프〉뿐 아니라 〈메일 온 선데이Mail on Sunday〉에도 실렸다.[2]

지구온난화가 1998년에 멈췄다는 개념은 '지구온난화 일시정지' 혹은 '지구온난화 중단'에 대한 오랜 토론으로 이어졌다. 기온의 변화 추세가 늦춰진 것으로(혹은 일부 관점에서는 역전된 것으로) 보이는 이유를 무엇으로 설명할 수 있을까?

솔직히 이것은 아주 복잡한 질문이다. 기후 자체가 복잡한 대상이기 때문이다. 사람들이 카오스 이론이라고 하면 브라질에서의 나비 날갯짓이 텍사스에서 토네이도로 이어지는 것을 바로 떠올리는 것은 우연이 아니다. 날씨를 예측하고 이해하기는 어마어마하게 어렵다.

하지만 공교롭게도 여기에는 아주 간단한 설명이 나와 있다. 그 설명은 다음과 같다. "그것은 당신이 1998년을 시작 연도로 골랐기 때문이다."

당신이 어느 오후에 바닷가에 나와 있다고 상상해보자. 파도가 밀려오고 또 밀려간다. 때로는 해안가 깊숙한 곳까지 들어오기도 하고 때로는 짧게 들어왔다가 도로 나간다. 당신은 모래성을 지어놓고 그것이 파도에 무너지기를 기다린다(어린아이들과 함께하면 좋은 놀이다. 가차 없이 흘러가는 시간의 흐름과 인간의 모든 노력이 헛됨을 가르칠 기회가 될 것이다).

하지만 어리석게도 별장에서 바닷가로 나오면서 지금 물때가 밀물인지 썰물인지 확인을 안 했다. 그래서 당신은 파도가 얼마나 깊숙이 들어오는지 틈틈이 지켜보고 있다.

지금 파도는 대부분 몇십 센티미터 차이로 모래성 벽에 닿지 못하고 있다. 어떤 경우는 90센티미터 짧고, 어떤 경우는 60센티미터, 어떤 경우는 120센티미터 짧다. 하지만 오후 3시 50분쯤 좀 큰 파도가 모래성이 있는 곳까지 깊숙이 들어와 성벽을 철썩인다. 그리고 그 후로의 파도는 계속 모래성에 닿지 못하고 있다. 5분 단위로 구간을 나누어 각각의 구간에서 제일

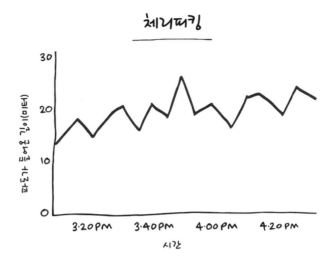

체리피킹

(y축) 해안가로 올라온 거리(미터)

3·20PM  3·40PM  4·00PM  4·20PM

시간

깊이 들어온 파도를 기록하면 위 그림 같은 그래프가 나올 것이다. 불안정하게 왔다 갔다 하고 있지만 한 번 특이하게 솟구쳤던 경우가 있을 뿐 명확하게 우상향의 추세를 보인다. 밀물이 들어오고 있다.

이제 아이들이 간식을 먹을 시간이라 모두 별장으로 돌려보내야 한다. 그러기 위해서는 아이들에게 사실은 밀물이 아니라 썰물로 물이 빠지고 있기 때문에 여기서 모래성이 무너지기를 기다리고 있어봤자 소용이 없다고 꼬드겨야 한다. 어떻게해야 그런 말이 먹힐까?

간단하다. 데이터 시계열을 어디서 시작할지 선택하면 된다. 아이들에게 이렇게 말할 수 있다. "이거 봐. 오후 3시 50분에 파도가 해안가로 26미터까지 올라왔어. 하지만 그 후로

50분 동안 그 높이까지 한 번도 못 들어왔지. 그러니까 오후 3시 50분 이후로는 파도가 전혀 높아지지 않았다는 이야기야."

맞는 말이기는 하다. 파도가 그 후로는 같은 높이에 한 번도 도달하지 못했으니까 말이다. 하지만 이것은 본질을 왜곡하고 있다. 만약 다른 시간대를 골라서 측정하면 파도의 높이가 꾸준히 올라가고 있는 것이 보일 것이다. 어디서 보트가 지나갔거나 커다란 고래라도 놀고 갔는지 이상하게 큰 파도가 한 번 밀려와서 튀는 데이터가 만들어지기는 했지만, 그것으로 파도가 점점 높아지고 있는 전체적인 추세가 바뀌지는 않는다.

정말 별난 사람이 아니고서야 아이들을 이런 식으로 현혹하지는 않겠지만, 사실 사람들은 데이터를 가지고 항상 이런 일을 저지르고 있다. 2019년 〈선데이 타임스〉 1면에 다음과 같은 글이 올라왔다. "청소년 자살률이 8년간 거의 2배로 증가했다." 하지만 이 기사는 앞의 이야기에 나온 가상의 아빠가 해안에서 아이들에게 한 것과 똑같은 일을 저질렀다. 그 방향만 반대로 했을 뿐이다.[3] 이 기사는 잉글랜드와 웨일스에서 기록상으로 청소년 자살률이 가장 낮았던 2010년을 기준으로 했다.[4] 2010년을 기준으로 잡으면 말 그대로 어느 해를 측정해도 자살률이 상승한 것으로 나올 것이다(반대로 어느 연도를 기준으로 잡아도 2010년을 측정하면 자살률이 낮아진 것으로 나올 것이다).

시작점과 끝점을 자기에게 유리한 것으로만 고르는 체리피킹은 '결과를 안 다음 가설 세우기 hypothesising after results are known, HARK'의 한 사례다. 이것은 데이터를 얻은 후에 그것을 뒤져 흥미로운 결과를 찾아내는 것을 의미한다. 기후 변화나 자살률같이 잡음이 많이 끼는 데이터에서는 자연적인 변동이 존재한다. 파도처럼 별 특별한 이유 없이 값이 갑자기 올라가거나 내려가는 경우가 생긴다. 그래서 마음만 먹으면 특이하게 높은 점이나 낮은 점을 시작점이나 끝점으로 선택해서 마치 올라가는 추세나 내려가는 추세가 있는 것처럼 보이게 만들 수 있다. 밀물과 썰물처럼 장기적 추세를 알아내려 할 때는 제일 높은 점과 제일 낮은 점뿐만 아니라 더 깊숙한 곳까지 들여다보아야 한다.

결과를 안 다음 가설을 세우는 다른 방법도 몇 가지 있다. 데이터에서 어느 부분을 살펴볼지, 혹은 어떤 기준을 선택할지도 고를 수 있다. 예를 들어 앞에 나온 자살 기사는 청소년, 더 구체적으로는 만 15세에서 19세 사이의 자살률을 들여다보았다. 다른 연령대에서는 자살률이 증가하지 않았다. 그 이유는 청소년 사이에서의 자살은 지극히 드물어서 데이터에 작은 무작위 변화만 있어도 비율이 크게 휘청거리기 때문이다. 범위를 만 10세에서 29세로 더 넓게 잡고 젊은 사람들의 데이터를 살펴보면 그렇게 튀는 데이터는 보이지 않는다.

기후 데이터와 마찬가지로 전 세계 지표면 공기온도도 오랫동안 1998년 수준에 도달하지 않았다. 하지만 전체 대기층과 마찬가지로 해안 상층 3미터 구간에도 그만큼 많은 열에너지가 그 안에 갇혔다.

이것은 단순한 기후학이나 자살에 대한 언론의 이야기보

다 더 광범위한 문제다. 새로움에 대한 요구와 마찬가지로 '결과를 안 다음 가설 세우기'도 과학에서 큰 문제다. 옥스퍼드대학교의 근거중심의학센터 Centre for Evidence-Based Medicine에 따르면 전 세계적으로 크게 존경받는 의학학술지에 출판된 논문들이 실험을 등록한 이후에 무엇을 들여다볼지 바꾸고, 또 그런 변경 사항을 논문에서 보고하지도 않는 경우가 많다고 한다.[5] 그럼 연구자가 실험의 성공을 위해 시작점과 끝점을 바꾸거나, 심지어 완전히 다른 기준을 채택할 수도 있다. 무엇을 들여다볼지를 바꾼 것에는 그럴 만한 이유가 있을 수도 있지만(이렇게 바꾸었을 경우에는 반드시 그 사실을 언급해야 한다), 이것이 5장에서 이야기했던 일종의 p-해킹이 될 수도 있다.

이것은 피하기 어려운 문제일 때가 많다. 데이터를 어디선가에서 시작해야 하는데, 보통 이 시작점은 인위적으로 정해진다. 수치들이 여기저기 많이 튀는 경우에 낮은 점이나 높은 점을 고르면 데이터가 전하는 이야기가 아주 크게 달라질 수 있다. 예를 들어 당신이 현직 정부 관료인데 아동빈곤 문제가 개선되었다고 보여주고 싶어 안달이 나 있다면, 아동빈곤이 특별히 높았던 연도를 시작점으로 잡아 이렇게 말할 수 있다. "보세요. 아동빈곤률이 낮아졌습니다." 하지만 당신이 야당 당원이라면 아동빈곤률이 특히 낮았던 연도를 기준으로 잡아 이렇게 말할 수 있다. "보세요. 아동빈곤률이 올라갔습니다."

이럴 때는 넓게 바라보는 것이 도움이 된다. 그리고 명확한 추세가 존재하는지, 아니면 잡음이 섞인 불규칙한 선을 그리는지 확인하는 것도 도움이 된다. 하지만 의도적으로 데이터를 뒤져서 가장 극적인 시작점이나 끝점을 찾으려 한다면 십중팔구는 오해를 불러일으키는 이야기를 전하게 된다.

그건 그렇고 1998년 이후로는 온난화가 없어졌다고 주장하는 논문은 이제 더 이상 나오지 않고 있다. 2014년, 2015년, 2016년 모두 1998년보다 더 더웠고, 3년 동안 연속으로 더워졌기 때문이다. 끔찍하게도 연속으로 3년이나 가장 더운 해의 기록을 경신했다. 원한다면 튀는 데이터를 기준으로 골라 진실을 가리는 이야기를 전할 수도 있다. 하지만 어떻게 해도 결국 언젠가는 밀물을 타고 파도가 밀려들어올 것이다.

# 17장

# 예측

영국 예산책임청 Office for Budget Responsibility에서는 몇 개월마다 영국의 경제성과에 대한 예측을 내놓고, 당연히 언론에서는 이런 예측을 뉴스로 내보낸다. 예를 들면 2019년 3월에 〈가디언〉에서는 예산책임청에서 그해 1.2퍼센트의 성장을 예측했다고 보도했다.[1] 이것은 상대적으로 비관적인 추정이었지만, 그 이야기에 따르면 장기적으로는 장밋빛 그림을 그리고 있었다.

물론 장기적 그림이 장밋빛은 아니었다. 거의 정확히 1년 후에 영국은 코로나19에 대처하기 위해 봉쇄령에 들어갔고, 영국의 경제는 두 달도 못 되어 25퍼센트 가량 위축됐다. 예산 책임청과 〈가디언〉에게 전 세계 팬데믹까지 예측하기를 기대하는 것은 공정하지 못할 것이다. 하지만 이번 회계연도에 경

---

제가 1.2퍼센트 성장한다거나, 이번 4분기에 실업률이 2퍼센트 낮아진다거나, 2100년에는 지구의 기온이 2.6도 올라갈 것이라는 등의 예측은 대체 어떻게 나오는 것일까? 이런 예측은 정말 믿을 수 있을까?

경제에 관해서는 잠시 잊어두고 런던 북부의 날씨에 대해 생각해보자. 이 글을 쓰는 지금, BBC 날씨 앱을 보니 해링게이(런던 중북부의 행정 구역 – 옮긴이)에서 오후 2시 이후로는 먹구름과 비 기호가 떠 있다. 이것을 보면 오후 2시부터 비가 온다는 의미라고 생각하게 된다.

하지만 이건 아마도 틀린 생각일 것이다. 기호 밑에는 퍼센트가 나와 있다. 23퍼센트다. 날씨 앱은 오후 2시에는 아마도 비가 오지 않을 거라고 생각하는 모양이다. 사실 그 확률이 4분의 1도 안 된다고 생각한다. 어쨌거나 그래도 '비' 기호는 보여주고 있다(이 책을 읽기 몇 달 전 어느 날에 자기가 살지도 않는 곳의 날씨에 관심이 있는 독자를 위해 덧붙이자면, 이 앱은 오후 더 늦은 시간에는 비가 올 가능성을 더 크게 보고 있었다. 저녁 7시에는 비가 올 확률이 51퍼센트로 나와 있다. 도움이 될지는 모르겠으나 오후 2시에는 아름다운 맑고 푸른 하늘이 펼쳐져 있었다).

일기예보는 미래를 내다보는 마법의 창도 아니고, 지혜를 전하는 점술가도 아니다. 우리가 판단을 내리는 데 도움을 주기 위해 최선을 다해 확률을 추측한 것일 뿐이다. 일기예보가 틀려서 낭패를 보았다는 이야기를 종종 들을 것이다. 일기예보에 커다란 햇빛 기호가 큼지막하게 나오고 비가 올 확률이 5퍼센트밖에 안 된다고 해서 바비큐 파티를 계획하고 친구들을 모두 초대했다. 그리고 숯에 불을 붙이는 순간 난데없이 먹구름이 뒤덮이더니 하늘에 구멍이 뚫렸는지 비가 퍼붓는다. 그리고 아직 익지도 않은 소고기 버거를 들고 있는 친구들의 속옷까지 흠뻑 비에 젖고 만다.

하지만 예보에서는 분명 비가 올 확률이 0퍼센트가 아니라 5퍼센트라고 했다. 일기예보 앱이 5퍼센트의 확률로 비가 온다고 스무 번 말할 때마다 한 번은 비가 오리라 예측할 수 있다. 텍사스 홀덤 포커에서 트리플 패를 받을 확률은 5퍼센트 정도다. 이 포커를 해본 사람은 아마도 트리플을 해본 경험이 몇 번 있을 것이다. 지금 당장 홀덤 포커를 했을 때, 바로 트리플을 할 확률은 그리 높지 않지만 틈틈이 즐기는 사람이라면 어쩌다 트리플이 나와도 크게 놀라지는 않을 것이다(던전앤드래곤 게임을 하는 사람이라면 20면 주사위를 굴렸을 때 1이 얼마나 자주 나오는지 알 것이다).

일기예보 앱에서 비가 올 확률이 5퍼센트밖에 안 된다고 했을 때, 사람들은 비가 오지 않은 열아홉 번은 기억하지 못하지만, 비가 온 한 번은 기억한다.

이런 이유로 일기예보가 맞았는지 틀렸는지 이야기하기가 어렵다. 앱에서 1퍼센트의 확률로 비가 온다고 해서 야외 활동을 계획했는데 비가 오면 짜증이 나는 것이 당연하다. 하지만 일기예보관은 이렇게 말할 수 있다. "뭐, 확률이 0이라고는 안 했잖아요." 그렇다면 일기예보가 정확한지 아닌지 어떻게 알 수 있을까? 포커나 던전앤드래곤 게임 같은 경우와 달리 비가 올 확률은 수학적으로 결정할 수 없다.

간단하다. 일기예보했던 것들을 다 모아서 1퍼센트의 확률로 예측했을 때 1퍼센트의 결과가 나오고, 10퍼센트로 예측했을 때 10퍼센트의 결과가 나왔는지 확인하면 된다. 5퍼센트의 확률로 비가 온다고 1,000번 예보를 내보냈는데 그중 50번 비가 내렸다면 예보를 아주 잘한 것이다. 그리고 그보다 더 왔거나 덜 왔다면 예보를 못한 것이다. 일기예보가 얼마나 정확했는지 점수를 매길 수 있다.

공교롭게도 일기예보는, 미래에 대한 여러 예측을 기준으로 놓고 보면 대단히 정확한 편에 속한다. 예를 들어 영국 기상청의 자체 블로그에 따르면 2016년에 다음날의 기온(오차범위 2도)은 95퍼센트의 정확도로 맞혔고, 3일 동안의 기온은 89퍼센트의 정확도로 맞혔다.[2]

---

\* 이 박스 글을 반드시 읽거나 이해할 필요는 없지만 '예측 능력을 어떻게 판단하는지' 더 알고 싶다면 계속 읽어보자.

예측 능력은 브라이어 지수Brier score라는 것으로 측정할 수 있다. 위에서 말했듯이 이 점수는 예측을 얼마나 잘하는지 보여준다. 70퍼센트 확률을 예측했는데 결과도 70퍼센트가 나오면 '보정 양호well calibrated'에 해당한다. 하지만 70퍼센트 확률을 예측했는데 55퍼센트의 결과가 나오면 '과다확신over-confident'에 해당하고, 95퍼센트의 결과가 나오면 '과소확신under-confident'에 해당한다.

하지만 얼마나 양호하게 보정되어 있는지만 중요한 것이 아니다. 예측이 얼마나 구체적인가도 중요하다. 무언가가 일어날 확률이 55퍼센트라고 말하는 것보다는 일어날 확률이 95퍼센트, 혹은 5퍼센트라고 말하는 것이 결정을 내릴 때 훨씬 유용하기 때문이다. 내기를 걸지, 어떤 정책을 지지할지, 언제 바비큐 계획을 잡을지 결정할 때는 양호하게 보정은 되어 있지만 확신도 없이 애매한 사람보다는 보정도 잘 되어 있고 확신도 있는 사람의 예측이 더 쓸모가 있다.

브라이어 지수는 정확하고 맞는precise and right 예측에 대해서는 상을 주고, 정확하고 틀린precise and wrong 예측에 대해서는 벌을 준다. 여기에는 제곱오차squared error가 사용된다.

내일 비가 내릴 확률이 75퍼센트라고 예측했다고 해보자. 브라이어 지수를 내리려면 75를 100으로 나누어 0과 1 사이의 점수를 받는다. 이 경우 그 값은 0.75이다. 그러고 나서 실제로 비가 내렸는지 확인해서 비가 내렸으면 1점을 주고, 내리지 않았으면 0점을 결과값으로 준다.

오차는 결과값과 예측했던 값 사이의 차이다. 실제로 비가 내렸다면 결과값은 1이다. 그리고 예측은 0.75였으므로 1에서 그 값을 뺀 후에 제곱한다(이것이 중요하다. 이렇게 해야 확신이 있지만 옳은confident-but-right 추측은 점수가 잘 나오고, 확신이 있지만 틀린confident-but-wrong 예측은 점수가 잘 안 나오기 때문이다). 그럼 0과 1 사이의 점수가 나온다. 여기서 0은 완벽히 옳은 예측을 의미하고,

1은 완벽히 틀린 예측을 의미한다. 따라서 골프에서처럼 점수가 낮을수록 더 좋다. 이 경우 점수는 (1-0.75)^2 = 0.0625가 나온다.

하지만 예측이 틀렸을 경우, 자신의 예측 중 0.25 확률에 떨어진 것이므로 방정식은 다음과 같다. (1-0.25)^2 = 0.5625

이것은 조금 더 복잡해질 수 있다. 예측하는 사람이 2개 이상의 선택지 중에서 선택을 해야 하는 경우가 있다. 이 경우 살짝 더 복잡한 방식으로 계산이 이루어져서 0과 2 사이의 답이 나오게 된다. '비가 왔다' 혹은 '비가 오지 않았다' 같은 경우보다 더 다양한 결과가 나올 수 있는 일기예보 같은 상황에서는 더 복잡해질 수 있지만 근본적인 시스템은 동일하다.

브라이어 지수는 일기예보를 위해 개발됐지만 미래에 대해 명확하고 반증가능한 예측에는 모두 사용할 수 있다. 만약 당신이 내년 이맘때쯤 북한에 새로운 지도자가 들어설 확률이 66퍼센트라고 하거나, 프로 미식축구팀 피츠버그 스틸러스가 2021년 슈퍼볼에서 우승할 확률이 33퍼센트라고 말한다면, 그 예측에 일기예보와 완전히 동일한 방식으로 브라이어 지수를 부여할 수 있다.

때로는 비가 내리느냐 마느냐 같은 이분법적인 것을 예측하지 않고, 다음 해에 보츠와나에서 나올 수 있는 말라리아 감염자 수, GDP 수치, 혹은 내일 런던 크라우치 엔드의 기온같이 다양한 결과가 나올 수 있는 것을 예측할 때도 있다. 이런 상황에서는 그냥 '예'와 '아니요'가 아니라 구체적인 수치를 제시해야 한다. 예를 들면 경제가 3퍼센트 성장한다거나, 900명의 말라리아 감염자가 나온다는 식이다.

물론 정확히 3퍼센트나 900명은 아닐 것이다. p값처럼 불확실성 구간uncertainty interval을 부여해야 한다. 이 구간은 어떤 비율(보통 95퍼센트)로 실수實數가 그 안에 떨어지리라 예상하는 당신의 핵심 예측 주변 영역을 말한다. 그럼 내일 크라우치 엔드의 기온이 13도에서 23도 사이의 95퍼센트 불확실성 구간으로, 18도가 될 것으로 예측한다고 말할 수 있다. 일기예보 담당자가 확신이 강할수록 이 불확실성 구간은 더 좁아진다. 하지만 확신하지 못할 때는 구간이 아주 넓어질 것이다.

날씨는 복잡하다. 사실 날씨는 복잡하고 혼란한 시스템의 전형적인 사례다. 하지만 결국에는 날씨도 물리학이다. 알고리즘이 발달하고 더 막강한 컴퓨터가 나오면 날씨를 더 잘 이해할 수 있다.

우리가 예측하는 것은 날씨만이 아니다. 우리는 인간의 행동도 예측하려 한다. 경제 성장도 그 예다. 경제는 한 국가나 지구 전체에서 수백만 명의 사람이 보여주는 집단적 행동이다. 사실 이것이 더 복잡하다. 예측을 내놓으면 그 예측이 사람들의 행동에 영향을 미친다는 사실도 경제 예측을 더 복잡하게 만드는 이유 중 하나다. 내일 비가 올 것 같다고 예측한다고 해서 그 예측이 비가 올지 안 올지 여부에 영향을 미치지는 않는다. 하지만 내일 주식 시장이 오를 것 같다는 예측은 사람들이 주식을 살지 말지 여부에 영향을 미친다.

경제학자들은 사람이라는 게 너무 복잡해서 예측이 불가능하고, 따라서 사람을 모형화하기도 불가능하다는 말을 자주 듣는다. 하지만 이 말은 사실이 아니다. 그 말이 사실이라면 사람의 행동에 대해 추측하는 것이 마구잡이 우연보다 나을 것이 없다는 의미가 되는데 분명 그렇지는 않기 때문이다. 예를 들어 우리는 당신이 물구나무서기를 한 상태에서 이 책을 읽고 있지는 않을 것이라 아주 확신을 하고 예측할 수 있다. 앉아서 책을 읽고 있을 가능성이 훨씬 크다. 사람의 행동에 관해서는 이렇게 꽤 신뢰성 있게 예측할 수 있는 부분들이 존재한다. 그래서 경제를 예측하는 사람이나, 여론조사를 바탕으로 선거 결과를 예측하는 사람들은 마구잡이로 찍는 것보다 훨씬 예측을 잘한다.

예보는 모형을 바탕으로 한다. 경제가 2퍼센트 성장한다거나, 주말에 12밀리미터의 비가 올 거라는 등의 예보는 다 예측이다. 이런 예측을 할 때는 세계의 일부를 시뮬레이션하는 모형을 이용한다.

모형이라고 하면 보통 수학이나 방정식 같은 복잡한 것을 떠올린다. 모형은 복잡할 때가 많지만 단순할 수도 있다.

그렇다면 1시간 동안에 비가 내릴 확률이 얼마나 되는지 알고 싶다고 해보자. 그럼 '창밖을 내다보기'라는 모형을 구축할 수 있다. 창밖을 내다보고 제일 먼저 해야 할 일은 어떤 정보가 예측에 도움이 될지 판단하는 것이다.

한 가지 확실한 것은 하늘에 낀 구름이다. 구름 한 점 보이지 않는 날에는 화창한 파란색 하늘이 드러날 것이고 비가 올 확률은 아주 낮다. 하늘이 완전히 구름에 뒤덮인 날에는 비가 올 확률이 훨씬 높다. 하늘에 구름이 절반은 덮이고, 절반은 안 덮여 있다면 확률은 그 중간 어디쯤일 것이다.

이렇게 하면 어느 정도는 예측이 가능하다. 여기에 정보를 추가할 수 있다. 구름의 어두운 정도도 쓸 만한 정보다. 아마도 위치, 계절, 기온, 풍속 같은 많은 정보를 추가하고 싶겠지만, 우선 앞의 두 가지 변수만 가지고 시작해보자.

매번 '구름이 낀 정도 × 구름의 어두운 정도 = 비가 올 확률'이라고 쓰려면 진이 빠지니까 약자를 쓰도록 하자. 구름이 낀 정도는 'C', 평균적으로 구름의 어두운 정도는 '$\beta$', 비가 올 확률은 'R'이라고 해보자(이것은 우리가 만든 모형이니까 이름은 우리 맘대로 붙여도 된다). 그럼 다음과 같은 방정식이 나온다. $C\beta = R$.

이 방정식이 우리의 모형이다.

창밖을 내다보니 하늘에 구름이 가득 끼기는 했는데 색은 밝은 회색이다. 그렇다면 구름이 낀 정도는 100퍼센트이지만 구름의 어두운 정도는 10퍼센트다. 이 값을 모형에 입력한다. 그럼 100퍼센트 × 10퍼센트 = 10퍼센트가 나온다. 우리 모형은 비가 올 확률로 10퍼센트를 제시하고 있다. 이것이 우리의 예보 출력값이다.

아마도 이 예보는 형편없을 것이다. 이제 피드백이 필요하다. 모형을 가지고 예측을 내놓았으니 이제 그 예측이 얼마나 자주 맞는지 확인한다(비가 올 거라고 예측한 확률만큼 비가 오는가?). 그리고 그렇게 관찰한 내용을 가지고 모형을 업데이트한다. 구름의 어두운 정도가 더 중요한 것으로 드러나서 거기에 더 큰 가중치를 부여해야 할 수도 있다. 아닐 수도 있다. 하지만 모형이란 원래 그런 것이다. 훨씬 복잡한 모형을 만들 수도 있다. 영국 기상청의 기후 모형에는 수백만 줄의 코드가 들어가 있다. 하지만 원리는 동일하다. 데이터를 모형에 입력하면 출력값이 나온다.

코로나19 위기에서 유명해진 감염성 질환 모형도 또 하나의 사례다. 고전적인 모형은 SIR 모형이다. 이 모형에서는 인구집단을 감염되기 쉬운 사람susceptible, S, 감염된 사람infected, I, 또는 회복하여 감염될 가능성이 없는 사람recovered, R으로 생각한다. 본질적으로 이 모형에서는 사람을 무작위로 상호작용하는 점으로 취급한다. 감염된 사람이 감염되기 쉬운 사람에게 질병을 퍼트릴 확률이 얼마나 되는지, 그리고 그 사람 자신이 감염되는 데 얼마나 오래 걸리는지 등에 대한 가정이 주어지면 이 모형을 이용해서 실제 인구집단에서 질병이 얼마나 빨리 퍼질지 예측할 수 있다. 소규모 집단에서 사람이 뒤섞이거나, 감염되기 쉬운 정도가 서로 다르다거나 등의 매개변수를 추가해서 모형을 더 복잡하게 만들 수도 있다. 그리고 예측한 내용과 실제 결과를 비교해보고 사람들이 실제로 얼마나 빨리 질병을 전파하는지에 관한 경험적 데이터를 확인하여 실세계로부터 받은 피드백을 추가할 수도 있다. 물론 모형이 곧 실세계는 아니다. 따라서 모형을 더 복잡하게 만든다고 더 정확해지는 것은 아니다. 그래서 모형이 실제 결과와 어떤 차이가 나는지 살펴볼 필요가 있다.

이렇게 날씨 같은 사례에서는 실험과 피드백을 통해 꽤 막강하고 신뢰성 있는 예측을 내놓을 수 있지만 이런 것들은 모두 불확실하다. 많은 경우 심지어 '현재'를 예측하는 것조차 쉽지 않다는 점을 알아야 한다. 가장 최근에 찾아왔던 세 번의 경제침체를 보면, 이미 경제침체가 시작된 이후였는데도 대다수의 경제학자들은 경제가 침체되고 있다고 생각하지 않았다.[3] 경체처럼 복잡한 대상은 이해하기 어렵다.

그럼 경제 예측의 성적은 어떨까? 앞에서도 이야기했지만 2019년 3월에 영국 예산책임청에서는 실제로 2020년도의 경제성장률을 1.2퍼센트, 그리고 그 후로는 살짝 더 빠른 성장을 예측했다. 하지만 2020년도의 95퍼센트 불확실성 구간을 -0.8퍼센트에서 3.2퍼센트 사이로 두었다.

문제는 뉴스 헤드라인에 "성장률은 꽤 심각한 경기침체와 거대한 경제호황 사이의 어디쯤이 될 것"이라고 장황하게 적을 공간이 부족하다는 것이다. 그래서 그 중간인 1.2퍼센트만 보도된다. (실제로는 95퍼센트 불확실성 구간을 한참 벗어나서 GDP가 두 자리 숫자 비율로 폭락했다. 하지만 이것은 별문제는 아니다. 파괴적인 전염병 대유행은 20년에 한 번 미만으로 찾아오는 것이기 때문에 이런 경우가 95퍼센트 예측 구간에 포함되어서는 안 되기 때문이다.)

독자 여러분은 예측이 어떻게 나오는지 알아야 하고, 예측이 미래의 운명을 내다보는 마법도, 마구잡이 추측도 아님을 알아야 한다. 예측은 통계 모형이 내놓는 출력값이며, 다소 부정확할 수도 있다. 1.2퍼센트, 사망자 5만 명 같은 정확한 수치로 소개되는 값은 훨씬 큰 불확실성 구간에서 가운데를 차지하고 있는 값이다.

더 중요한 부분은 언론이 이런 불확실성도 함께 보도할 의무가 있다는 점이다. "올해 경제가 1.2퍼센트 성장할 것입니다"라는 말을 듣는 것과 "경제가 살짝 침체될 수도 있고, 꽤 성장할 수도 있고, 그 사이의 어떤 성장률도 나올 수 있지만 현재 최선의 추측으로는 1.2퍼센트 성장률이 예상됩니다"라는 말을 듣는 것은 아주 다른 반응을 가져올 수 있기 때문이다. 부디 언론이 독자와 시청자들을 불확실성을 감당할 수 있는 성인으로 대해주었으면 하는 바람이다.

# 18장

# 모형 속 가정들

2020년 3월에 〈메일 온 선데이〉에서 심술궂게 재미있는 칼럼니스트 피터 히친스의 글을 실었다. 영국과 전 세계의 코로나19 전파와 사망자 수를 예측하는 모형에 대해 비판하는 글이었다.[1] 당시 영국의 코로나19 확진 사망자 수는 1,000명 정도였지만,[2] 그보다 2주 앞서 임페리얼 칼리지 런던Imperial College London에서 자신의 모형이 내놓은 결과를 발표했었다.[3] 이 모형은 닐 퍼거슨 교수와 그의 연구진이 만든 것으로, 코로나19의 확산을 방치한다면 사망자 수가 무려 50만 명이나 나올 수도 있다는 예측을 내놓았다. 이 모형의 결과가 나온 2020년 3월 16일에 영국 정부는 봉쇄령을 선포했다.

하지만 히친스가 글을 쓸 즈음 추정치가 바뀌었다. 히친스는 "퍼거슨은 자신의 끔찍한 예언을 두 번이나 고쳤다. 처음에는 2만 명 미만으로 줄이더니, 이어서 금요일에는 5,700명으로 줄였다."라고 쓰며 퍼거슨을 "영국을 공황 상태로 이끄는 데 큰 책임이 있는 사람 중 한 명"으로 지목했다.

과연 그럴까? 모형이 정말 결과값을 그렇게 크게 바꾸었을까? 이것으로 그 모형을 아예 쓸모없는 것이라 말할 수 있을까?

앞 장에서 모형을 구축하는 것과 모형의 작동 방식에 대해 이야기했었다. 하지만 모형이 어떻게 그런 숫자들을 내놓는 것인지 생각해볼 필요가 있다. 임페리얼 칼리지 런던의 모형은 어떻게 50만 명이라는 사망자 수를 예측했을까? 그리고 2020년 3월 26일에 옥스퍼드대학교에서 내놓은 모형은 왜 아주 다른 수치를 예측했을까?[4] (그리고 히친스의 말이 옳다면, 임페리얼 칼리지 런던의 모형은 어떻게 시간이 얼마 지나지도 않아서 결과값이 바뀌었을까?)

그 답은 결국 그 모형에서 어떤 가정을 하고 있는지의 문제로 귀결된다. 그런 가정에 대해 알아보기 위해 브렉시트Brexit 이야기를 해보자.

2016년 브렉시트 국민투표를 준비하는 동안에는 수많은 경제 모형들이 난무했었다. 대부분은 브렉시트가 경제에 부정적인 영향을 미칠 것으로 예측했다.[5] 다만 한 모형에서는 경제 부흥을 예측했다. 바로 경제학자 패트릭 민포드Patrick Minford가 이끄는 '브렉시트를 찬성하는 경제학자들의 모임Economists for Brexit'에서 만든 모형이었다. 이 모형은 "GDP의 4퍼센트에 해

당하는 복지 이익과 소비자 가격 8퍼센트 하락"을 제시했다.[6]

글을 쓰고 있는 지금은 유럽연합에서 탈퇴한 지 몇 달밖에 되지 않아서 아직은 과도기다. 그래서 유럽연합의 규제와 요구를 따르고 있다. 그렇다 보니 아직은 누구의 주장이 옳은지 판단할 수 없다. 이 모형들은 브렉시트가 미치는 장기적인 영향을 살펴보는 것이기 때문에 긴 시간이 지난 후에야 옳고 그름을 판단할 수 있다.

하지만 단기 예측을 내놓아 판단이 가능한 모형도 있었다. 영국 재무부에서는 투표에 몇 주 앞서 자체적인 경제 모형이 내놓은 예측을 발표했다. "유럽연합 탈퇴로 영국 경제에 즉각적으로 심오한 충격이 가해져 경제가 침체로 빠져들고, GDP는 3.6퍼센트 축소되고 50만 명을 실직으로 내몰 것"이라는 예측이었다.[7] 하지만 이 예측은 현실화되지 않았고 경기침체는 찾아오지 않았다.

무엇이 잘못됐을까? GDP에 영향을 미치는 서로 다른 부분들을 살펴보자. 모형이 제안한 대로 투자와 제조가 위축됐다. 이는 앞으로 영국의 경제와 무역에 대한 불확실성 때문이었다. 하지만 소비자 지출은 여전히 높았는데, 이것이 영국이 경기침체로 빠져드는 것을 막아주었다.

이 모형을 구축한 사람들은 소비자 지출도 떨어질 것으로 가정했다. 이들은 2008년 금융위기를 바탕으로 이런 가정을 했다. 그 당시는 소비자 지출이 현저히 줄어들어 1인당 일주일에 5파운드 이상 줄어들었다.[8] (맥락을 따져보면 5파운드 하락은 아주 큰 수치다. 2000년대에 들어서 평균 소비자 지출은 1인당 일주일에 60펜스 하락했던 2014~2015년을 제외하고는 2년마다 상승했다.)

이렇게 가정을 틀리게 한 것이 모형을 구축한 사람들의 책임일까? 지금 와서 돌아보면 분명 그 가정은 틀린 것이었다. 하지만 지금이니까 이렇게 말하기 쉽지, 당시는 그것이 최선의 추측이었는지도 모른다.

모형을 구축하는 사람이 세우는 가정은 보고서에 최종적으로 실릴 내용에, 결국에는 언론의 보도 내용에도 결정적인 영향을 미친다. 모형이란 그냥 이런 가정들을 가져다가 논리적 결론을 이끌어낸 것이다. A=B, B=C라고 가정하면 모형은 A=C라 말해주는 셈이다.

우리는 어느 정도까지는 항상 이런 일을 하고 있다. 우리는 판단을 내릴 때 온갖 암묵적인 가정을 한다. 글로 표현하는 논거도 수학적 논거와 마찬가지로 가정에 의존한다. 수학적 모형은 가정을 명쾌하게 표현할 수 있다는 장점이 있다. "소비자 지출이 1퍼센트에서 5퍼센트 사이로 낮아질 것이다"라는 말은 오해의 소지가 별로 없다.

문제는 가정이 현실적인가, 그리고 현실적이라면 어느 정도까지 현실적인가 하는 부분이다. 하지만 비현실적인 가정 자체는 나쁜 것이 아니다. 앞 장에서 우리는 아주 우스꽝스러운 일기예보 모형을 만들어보았다. 그 모형에서 우리는 구름이 낀 정도와 구름이 어두운 정도로 비를 예측할 수 있다고 가정했었다.

이런 가정은 경험적 증거에 근거할 때가 많다. 예를 들어 영국 재무부의 예측은 금융위기 이후에 뒤따라왔던 행동에 대한 경험적 증거를 바탕으로 한 것이다. 구름의 어두운 정도에 관한 가정은 구름이 낀 하늘이 비와 상관관계가 있음을 보여주는 논문을 인용하며 그 증거를 기반으로 하면 될 것이다(하지만 굳이 그렇게까지는 하지 않으련다).

하지만 우리 모형은 아주 기본적인 것이기 때문에 많은 것을 빠뜨리고 있다. 예를 들면 위치와 관련된 요인이 전혀 포함되지 않았다. 따라서 모든 장소가 동일하리라고 암묵적으로 가정하고 있는 것이다. 세상은 똑같은 풍경이 펼쳐지는 납작한 평원에 불과하다고 말이다. 우리는 이것이 사실이 아님을 알고 있다. 현실은 그와 다르다.

그럼 우리 모형에는 비현실적인 가정이 들어 있는 것인데, 그렇다면 우리 모형이 쓰레기에 불과하다는 의미일까?

꼭 그렇지는 않다. 위치 데이터를 추가하면 모형의 예측 능력을 개선할 수 있을지는 모르겠으나 복잡성도 추가된다는 단점이 있다. 수집해야 할 데이터도 더 많아지고, 컴퓨터도 더 막강한 것이 필요해진다. 그렇게까지 할 가치가 있는지는 거기서 새로 나오는 예측이 정확도가 얼마나 높아지느냐에 달려 있다. 우리 것처럼 우스꽝스러운 모형으로 작업할 때는 이것이 별문제가 안 되지만 더 크고 복잡한 모형에서 수십 가지 변수를 다룰 때는 정확도와 단순성 사이에서의 저울질이 아주 실질적인 문제가 된다. 통계학자들은 이렇게 말한다. "지도가 영토는 아니다." 위성항법 내비게이션에서 A에서 B까지 가는 동안 만나는 모든 집의 문 색깔까지 다 말해줄 필요는 없다. 그냥 도로 교차점이 어딘지만 말해주면 된다.

가끔 사람들은 비현실적인 이상한 가정을 기꺼이 포함시킨다. 예를 들면 임페리얼 칼리지 런던의 모형은 그렇지 않았지만, 여러 감염성 질환 모형에서는 모든 사람이 무작위로 뒤섞인다고 가정한다. 분명 사람들은 그런 식으로 상호작용하지 않는다. 다른 도시에 살고 있는 사람보다는 자기와 같은 도로에 사는 사람과 마주칠 가능성이 훨씬 높다. 하지만 이런 변수들까지 포함시키면 모형이 훨씬 복잡해지지만, 그렇다고 예측 능력이 특별히 더 좋아지지도 않는다. 예를 들어 우리의 일기예보 기본 모형은 비가 올 확률을 10퍼센트의 오차범위 안에서 예측할 수 있고, 더 복잡한 모형은 5퍼센트 오차범위 안에서 예측할 수 있다고 해보자. 이 차이가 중요한지는 얼마나 정확한 예측이 필요한지, 그리고 정확도를 그렇게 추가로 끌어올리는 데 필요한 비용(복잡성과 컴퓨터 계산 능력)이 얼마인지에 달려 있다.

문제는 가정이 비현실적일 때가 아니라 비현실적인 가정이 결론에 극단적인 영향을 미칠 때 생긴다. 브렉시트를 찬성하는 경제학자들의 모임 모형으로 돌아가보자. 이들의 모형이 내놓은 결론이 다른 예측과 그렇게 달랐던 한 가지 이유는 '경제적 중력economic gravity'이라는 개념에 대한 가정 때문이었다. 물리적 중력의 법칙 아래서 두 물체의 상호작용 방식은 두 가지에 달려 있다. 물체가 얼마나 큰가, 그리고 얼마나 멀리 떨어져 있는가, 이 두 가지다. 그래서 지구의 조류는 달에 큰 영향을 받는다. 달은 천체 규모에서는 작지만 아주 가깝기 때문이다. 조류는 목성의 영향을 훨씬 덜 받는다. 목성은 아주 크지만 거리가 멀기 때문이다.

경제적 중력도 비슷하게 작용한다. 한 국가와 다른 국가 사이의 무역은 두 가지에 영향을 받는다. 국가가 얼마나 큰가, 그리고 얼마나 멀리 떨어져 있는가다. 그래서 영국은 중국보다 프랑스와 무역이 더 많다. 프랑스는 중간 크기의 국가지만 가까운 반면, 중국은 아주 크지만 아주 멀리 떨어져 있기 때문이다.[9] 이것은 경험적 관찰에 바탕을 둔 것이다.[10] (브렉시트를 찬성하는 경제학자들의 모임 모형에 관한 런던정치경제대학교의 한 비평은 다음과 같다. "경제적 중력은 국제 경제에서 가장 신뢰할 만한 경험적 관계다."[11]) 그리고 이것은 대부분의 경제 모형에서 대단히 중요한 가정을 이루고 있다.

하지만 브렉시트를 찬성하는 경제학자들의 모임 모형은 국가가 얼마나 멀고 가까운지는 상관없이 전적으로 국가의 규모가 얼마나 큰지, 그리고 그 국가에서 생산하는 제품이 얼마나 저렴하고 품질이 좋은지에 따라 무역이 발생한다고 가정한다.

이것은 현실적인 가정이 아니다. 적어도 현재의 글로벌 경제에서는 아니다. 하지만 앞에서 보았듯이 비현실적인 가정이라도 그 자체로는 나쁜 것이 아니다. 어쩌면 모든 국가가 거리와 상관없이 동일하게 무역을 한다고 가정해도 꽤 정확한 예측이 나올 수도 있다. 그리고 거리를 포함시키면 도움은 별로 안 되고 복잡성만 늘어날지도 모른다.

하지만 이것은 모형의 출력값을 크게 바꾸어놓을 수 있는 가정이다. 그래서 국가간 거리를 모형에 포함시킬지 말지에 관한 결정을 이해할 때 중요한 부분이다. 런던정치경제대학교의 비평에서 경제적 중력 방정식을 포함하는 무역 모형을 이용해 보았더니 그 결과값이 사뭇 달라졌다. 경제가 4퍼센트 활성화된다고 했던 것이 영국인 1인당 수입 2.3퍼센트 하락에 해당하는 결과로 바뀐 것이다. 브렉시트를 찬성하는 경제학자들의 모임 모형에서 다른 가정은 그대로 유지했는데도 이런 결과가 나왔다.

지금 누가 이 예측의 승자인지를 따지려는 것이 아니다. 브렉시트의 영향을 분명하게 확인하려면, 앞으로 몇 년이 걸릴 것이다. 이 질문은 당파적 성격을 갖고 있기 때문에 당신이 경제적 중력 방정식에 대해 들어봤든 아니든 이 영향에 대한 논란은 사그라지지 않을 것이다.

그렇다면 임페리얼 칼리지 런던 모형이 계속 말을 바꾸는 예측을 내놓는 것으로 보였던 것은 대체 무슨 일이었을까? 그에 대한 히친스의 비판은 과연 옳은 것이었을까?

간단히 말하자면 옳지 않았다. 임페리얼 칼리지 런던 모형에 비판의 여지가 없는 것은 아니지만 히친스의 비판은 표적을 벗어난 비판이었다. 히친스는 퍼거슨이 자신의 모형을 수정해서 이제는 사망자 수를 5,700명으로 예측하고 있다고 비난했는데, 이것은 히친스가 혼동한 것이다. 이것은 다른 과학자 집단의 다른 모형에서 나온 값이었다(임페리얼 칼리지 런던의 전염병학부가 아니라 전기공학부에서 나온 모형이다).[12] 이것은 영국의 데이터를 중국의 데이터 그래프에 입력해본 훨씬 단순한 모형이었다. 히친스의 글이 발표될 즈음에는 그 모형을 내놓았던 과학자 중 한 명이 이미 자신의 추정치를 최소 2만 명 사망으로 높여둔 상태였다.[13]

하지만 사망자 수의 추정치가 50만 명에서 2만 명으로 떨어진 것은 어찌 된 일일까? 무슨 일이 있었던 것일까?

가정이 변했다. 이 모형의 가정 중 하나는 사람들의 행동, 그리고 그 행동이 질병의 전파에 영향을 미치는 방식을 포함하고 있었다. 봉쇄령이 시행되기 전에는 사람들이 계속 밖으로 돌아다니며 서로 접촉해서 바이러스를 퍼뜨릴 것이라 가정했었다. 하지만 봉쇄령 이후에는 그런 활동이 훨씬 줄어들 것이라고 가정이 바뀌었다. 이 새로운 가정을 모형에 입력하자 아주 다른 수치가 나온 것이다. 사실 원래의 2020년 3월 16일 논문에서도 봉쇄령이 내려지면 어떤 일이 일어날지를 모형화했고, 그런 경우 아무런 개입이 없을 때보다 사망자가 훨씬 줄어들 것이라 예측했다.

이것은 기억해두자. 제2의 감염이 시작된다거나, 경제침체가 예상된다거나, 지구온난화로 기온이 3도 올라간다거나, 다음 선거에서 영국 토리당의 승리가 예상된다는 등 '모형'을 통해 어떤 예측이 나왔다는 뉴스를 읽을 때는 그 모형에서 어떤 부분을 가정하고 있는지 아는 것이 정말 큰 도움이 된다. 정작 그렇게 도움이 되는 세부사항은 뉴스에서 누락될 때가 많다.

# 19장

# 텍사스 명사수 오류

2017년 영국 총선거 전, 여론조사 회사는 노동당이 완패할 것이라고 거의 한결같이 확신하고 있었다. 하지만 선거 열흘 전에 여론조사 회사 유고브에서 '깜짝 여론조사'를 발표했다(사실은 여론조사가 아니라 여론조사 모형이다). 토리당이 20석 정도를 잃게 되리라는 예측이었다. 이는 테리사 메이 총리가 다수당의 지위를 잃게 된다는 의미였다.[1]

선거 당일 저녁에 투표 결과가 발표됐다. 토리당이 13석을 잃고, 유고브의 MRP 모형 multilevel regression with poststratification이 다른 여론조사 기관들의 모형을 아주 넉넉하게 능가하는 성과를 거두었다(그 최종 결과도 오차 범위 안에 들어왔다).[2]

2년 반 후에 메이 총리가 물러나고 보리스 존슨 총리가 들어오면서 또다시 선거가 치러졌다. 이번에는 모두의 시선이 유고브의 MRP 모형으로 쏠렸다. 전국 투표 며칠 전에 발표된 최종 모형에서는 보수당이 28석 차이로 다수당을 차지하며 박빙의 승리를 거둘 것으로 예상했다.[3] 한 존경받는 정치부 기자는 이렇게 보도했다. "유고브의 새로운 여론조사는 선거가 끝까지 치열하게 경합할 것으로 예상합니다."[4]

사람들은 코로나19 전 세계 대유행, 금융위기, 지난 선거의 결과와 같은 것들을 당연히 예측할 수 있어야 한다고 생각한다. 그리고 무언가를 정확히 예측한 사람을 보면 그 사람이 무언가 특별한 통찰력을 갖고 있을 거라 믿고 싶어 한다. 그때 그 사람 말을 들었어야 했다고 말이다. 하지만 과연 그럴까?

2019년에 캘리포니아에서 휴대전화 기지국 안테나의 위치가 옮겨졌다. 별것 아닌 일로 보일 수도 있지만 이것은 전 세계의 뉴스에 보도됐다.[5]

이 안테나는 캘리포니아 리폰의 초등학교 근처에 있었는데, 10세 미만이었던 그 학교 초등학생 4명이 암을 진단받자 그 안테나의 위치를 옮긴 것이다. 그 나이에 암에 걸리는 것은 지극히 드물다.

하지만 사실상 휴대전화 기지국 안테나는 암을 일으키지 않는다. (훌륭한 과학 커뮤니케이터라면 이렇게 말해야 할 것이다. "휴대전화 기지국 안테나가 암을 유발한다는 명확한 증거는 없다." 하지만 이런 지적이 있었다. 대부분의 사람에게 "명확한 증거는 없다"라는 말은 "당신은 아무것도 증명하지 못한다"라는 말로 들린다고 말이다. 휴대전화와 암 사이의 상관관계에 관한 역학적 증거가 없고, 그런 상관관계가 있으리라 예측할 만한 이론적 이유도 없기 때문에 우리는 기꺼이 휴대전화 기지국 안테나가 암을 유발하지 않는다고 말하려 한다.)

그렇다면 이 집단적인 암 진단에는 대체 무슨 일이 있었던 것일까? 무언가 이유가 있을 수도 있다. 지하수 오염 때문이라는 주장도 있었다. 하지만 아무 이유가 없을 수도 있다.[6] 미국에서는 만 15세 미만인 아동 중 매년 1만 1,000명 정도가 암을 진단받는다.[7] 리폰의 사례는 2016년에서 2018년 사이에 일어났다. 따라서 그동안에 총 3만 3,000명 정도의 아동 암 진단이 있었을 것이라 예상할 수 있다. 미국에는 총 8만 9,000개의 초등학교가 있다. 간단한 푸아송Poisson 계산을 해보면(아래 박스 참고), 이 초등학교 중 약 50곳에서 주어진 3년의 기간에 4명이상의 집단 암 발병이 생길 것으로 예상할 수 있다.

---

\* 이 박스 글을 반드시 읽거나 이해할 필요는 없지만 '푸아송 분포 공식의 작동방식'을 더 알고 싶다면 계속 읽어보자.

미국의 모든 학교에서 정확히 평균 수치만큼의 암이 발병하리라고 기대할 수는 없다. 평균값을 중심으로 무작위 변동이 있기 마련이어서 어떤 곳에서는 높게 나오고, 어떤 곳에서는 낮게 나온다. 이 변동은 3장에서 보았던 정규분포와 조금 비슷해 보인다. 하지만 특정 기간에 주어진 결과를 볼 확률이 얼마나 되는지 판단할 때는 그와 살짝 다른 것을 살펴볼 필요가 있다. 바로 푸아송 분포 Poisson distribution다.

1837년에 프랑스 수학자 시메옹 드니 푸아송 Siméon Denis Poisson 이 '형사사건 및 민사사건에서의 확률 판단에 관한 연구 Researches into the Probabilities of Judgements in Criminal and Civil Cases'를 발표했다.[8] 그는 재판에 참여한 배심원의 수, 어느 한 사람이 착오를 일으킬 확률, 용의자의 유죄에 대한 사전 확률 같은 특정 변수가 주어졌을 때 프랑스 법정에서 잘못된 유죄 판결이 얼마나 많이 나올지를 살펴보고 있었다.

그 답을 얻기 위해 그가 알아내야 할 것은 다음과 같았다. 한 해(혹은 한 시간이나 특정 기간) 동안에 어떤 것이 평균 X번 일어난다고 할 때, 한 해에 그것이 Y번 일어날 확률은 얼마나 되는가? 그래프로 그려보면 푸아송 분포는 이렇게 보인다. 곡선은 점들을 연결해서 만든다.

평균값이 낮아지면 그래프 곡선이 키가 더 커지면서 왼쪽으로 움직인다. 평균값이 높아지면 곡선이 납작해지면서 오른쪽으로 움직인다. Y축은 최곳값이 1까지 나오는 확률이고 X축은 사건이 일어나는 횟수다. X축에서 자기가 살펴보고 있는 그 일이 일어날 횟수를 찾아보면 그에 따르는 확률을 찾을 수 있다.

예를 들어 매년 한 학교에서 평균 15건의 암이 발병한다는 것을 안다고 해보자. 올해 20건이 발생할 확률은 얼마나 될까? 이 값을 대입하면 0.04, 즉 4퍼센트가 나온다.

하지만 이것은 정확히 20건이 발생할 확률이다. 21건이나 22건이

# 푸아송 분포

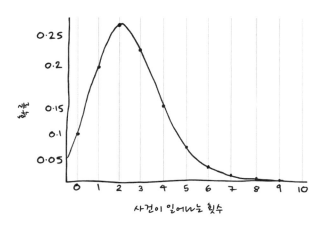

확률 (세로축)

사건이 일어나는 횟수

발생해도 마찬가지로 놀라게 될 것이다. 그럼 대신 한 해에 20건 이상의 암이 발생할 확률을 알고 싶어질 수도 있다.

그럼 계산하는 데 시간이 많이 들 것처럼 보인다. 20건의 가능성을 계산하고, 그 다음에는 21건의 가능성, 22건의 가능성 … 이런 식으로 무한히 많은 건까지 확률을 모두 계산한 다음 더해야 하니까 말이다. 하지만 다행히도 지름길이 있다.

'상호 배타성mutual exclusivity'이라는 개념을 이용할 수 있다. 이것은 일부 사건은 동시에 일어날 수 없다는 의미다. 이것 아니면 저것이지, 이것이면서 저것일 수는 없다. 예를 들어 주사위를 굴려 6이 나오면, 그 값이 동시에 5나 3이 될 수는 없다. 여러 결과 중 한 가지가 반드시 일어나야 한다는 것을 알고 있는 경우는 상호 배타적인 사건들의 확률을 모두 더했을 때 1이 나와야 한다. 주사위를 굴려 6이 나올 확률이 6분의 1(0.167)이라면 6이 나오지 않을 확률은 6분의 5(0.833)이어야 한다. 6이나 6이 아닌 특정한 수가 나올 확률은 6분의 6, 즉 1이다.

따라서 20건 이상의 암이 발생할 확률을 계산하는 대신 그냥 그렇지 않을 확률, 즉 0건에서 19건 사이로 암이 발생할 확률을 계산하면 된다. 그러고 나서 1에서 이 값을 빼면 된다. 우리의 사례에서는 19건 이하가 나올 확률(19, 18, 17건 등)을 계산하면 된다. 이것을 $Pr(X<19)=0.875$라고 쓴다. 따라서 $1-Pr(X<19)=P(X\geq20)\approx0.125$, 즉 12.5퍼센트다.

'텍사스 명사수 오류Texas sharpshooter fallacy'라는 통계상의 오류가 있다. 누군가가 헛간 문에 대고 기관총을 마구잡이로 난사한 다음 문으로 가서 총알구멍이 모여 있는 곳에 과녁을 그려놓으면 마치 조준해서 정확히 쏜 것처럼 보이게 만들 수 있다는 개념이다. 그와 유사하게 전국에 무작위 패턴으로 퍼져 있는 암 발생 사례를 가져다가 무작위로 모여 있는 곳 주변으로 동그라미를 그리면 실제로는 아무 일도 없는데도 거기서 무슨 일이 일어나는 것처럼 보이게 만들 수 있다.

이것은 집단 암 발병에만 적용되는 이야기가 아니다. 미래에 대한 예측에도 마찬가지로 적용된다. 2008년에 글로벌 금융시스템이 무릎을 꿇자 영국의 여왕은 우리 모두가 품고 있던 질문을 던졌다. 어째서 그런 위기가 다가오는 것을 보지 못했을까? (런던정치경제대학교의 한 경제학자가 보고한 바에 의하면, 여왕이 실제로 한 말은 다음과 같았다. "이런 것들이 그렇게 대규모로 일어난 것이라면 어떻게 아무도 몰랐을 수 있죠?"[9]) 타당한 질문이다. 그리고 경제학자와 역사가들은 이 질문을 두고 10년 넘게 논쟁을 벌여왔다.

하지만 위기가 다가오는 것을 실제로 본 사람도 있었다고 한다. 그런 사람 중 한 명이 2008년에 자유노동당 재무부 대변인이었던 빈스 케이블이다. 그는 2003년에 의회에서 이렇게 말했었다. "영국 경제의 성장은 기록적 수준의 개인채무에 발목 잡힌 소비자 지출에 의해 유지되고 있다."[10] 제조, 수출, 투자와 소비자 지출이 모두 흔들리면 재앙으로 이어질 것이었다. 그는 한 신문에서 '신용 경색을 내다본 현인'으로 묘사되기도 했다. 그 신문은 이렇게 덧붙였다. "케이블조차 경제의 안개를 꿰뚫어 볼 수 없다면 아무도 할 수 없을 것이라고 전설은 전하고 있다."[11] 이 책은 숫자에 관한 책이니까 이것이 근본적으로 수치 예측이라는 것을 지적하는 것이 좋겠다. 케이블은 어떤 수치(특히 여러 주요 은행의 회계장부 대변에 들어갈 수치)가 급속히 내려갈 거라고 예측했다.

그가 정말 현인이었을까? 경제학자 폴 새뮤얼슨Paul Samuelson이 말한 오래된 농담이 있다. 그는 주식시장이 지난 다섯 번의 경기침체 중 아홉 번을 예측했노라고 말한 적이 있다.[12] 비평가들은 케이블 역시 똑같은 일을 한 것이라 주장했다.[13] 그는 2003년에 그 예측을 내놓았고(그리고 듣자 하니

2006년에도 다시 이런 예측을 했다고 한다) 금융 붕괴는 2008년이 되어서야 일어났다. 2017년에도 다시 붕괴를 예측했지만 특별한 일은 일어나지 않았다.[14] 더 중요한 점은 수천 명의 다른 국회의원, 기자, 학자 등이 앞으로 어떤 일이 일어나고, 어떤 일이 일어나지 않으리라고 온갖 발표를 했다는 점이다. 그중에는 옳은 소리가 항상 들어 있을 수밖에 없다. 당신이 로또에 당첨될 확률은 아주 희박하지만, 누군가는 아마도 로또에 당첨될 것이다. 특별한 통찰력이 없어도 누군가는 로또에 당첨된다.

17장에서 보았듯이 미래를 예측하기는 힘들다. 경제를 예측하기는 더 힘들다. 경제를 효과적으로 예측할 수만 있다면 백만장자가 되기는 어렵지 않다. 다섯 번의 경기침체 중 아홉 번을 예측했다는 것은, 즉 네 번만 틀렸다는 것은 사실 놀라울 정도로 훌륭한 성과다.

하지만 일이 벌어지고 난 후에야 누가 그 일을 예측했었는지 찾으려 하면 텍사스 명사수 오류에 빠질 가능성이 크다. 무작위로 점점이 흩어져 있는 데이터 속에서 우연히 결과와 일치하게 된 데이터를 찾아 거기에 동그란 과녁을 그리고 있는 셈이다.

기자들만 이런 일을 하는 것이 아니다. 1993년에 나온 한 연구[15]가 스웨덴에서 송전선과 소아암 사이의 상관관계를 찾아낸 것으로 보여 큰 흥미를 불러일으켰다.[16] 심지어 이것 때문에 스웨덴 산업 및 기술발전 국가위원회Swedish National Board for Industrial and Technological Development에서는 송전선에서 나오는 전자기 복사가 아동에게서 백혈병을 유발한다고 생각하게 됐다. 하지만 통계학자들은 이 연구가 서로 다른 건강결과 800가지를 살펴보고 있음을 지적했다. 그중 하나에서 무작위로 모인 군집이 생길 확률이 대단히 높다고 말이다.[17] (휴대전화 기지국 안테나와 마찬가지로 송전선이 암을 유발한다고 생각할 이유도 없다.)

텍사스 명사수 오류 때문에 감옥에 들어갈 수도 있다. 네덜란드의 간호사 루시아 데 베렉은 3년 동안 자신의 근무 시간에 7명이 사망하여 살인죄로 6년을 복역했다. 이 죽음이 그녀에 의한 살인이라는 증거는 고사하고, 살인이라는 법의학적 증거조차 없었다. 하지만 사람이 죽는 사건이 집중적으로 일어났다는 점이 매우 의심스러워서 그녀는 유죄를 선고받았다. 통계학자 리처드 길Richard Gill의 지적처럼 이것은 텍사스 명사수 오류의 전형적인 사례였다. 병동에서는 때때로 사람이 죽기 마련인데 그때마다 동일한 간호사가 곁에 있는 상황도 생긴다.[18] 벤 골드에이커는 〈가디언〉에 투고한 칼럼에서 루시아 데 베렉이 근무한 병동 중 한 곳에서 그녀가 사람을 죽였다고 추정한 그 3년의 기간 동안 6명이 사망했음을 지적했다. 그보다 앞선 3년 동안에는 7명이 사망했다.[19] 그녀가 실제로 살인을 저질렀다면 그 기간에는 우연히도 자연사 비율이 갑작스럽게 낮아졌다는 말이 되어버린다. 무작위성은 군집을 만들어낸다. 그리고 그 군집 주변으로 동그라미를 그리면, 즉 총알구멍 주변으로 과녁을 그리면 자기가 명사수라고 착각할 수 있다.

유고브 MRP 모형 여론조사를 다시 생각해보자. 이 여론조사는 2017년에는 아주 정확한 예측을 보여주었기 때문에 2019년에는 토리당이 박빙의 차이로 승리할 것이라는 유고브의 예측을 모두 관심 있게 지켜보았다.

하지만 투표 결과는 토리당의 압도적 승리였다. 노동당이 북부의 심장부에서 완전히 무너지면서 토리당이 80석 차이로 다수당을 차지했다. 그렇다고 유고브가 예측 성적이 눈에 띄게 나빴던 것은 아니다. 다른 여론조사 기관보다 성적이 좋지도 않았다. 다른 기관에서는 MRP 모형에서 예측한 것보다 더 큰 차이로 토리당이 다수당을 차지할 것으로 예측했었다. MRP 모형이 실제로 2017년에는 어떤 비밀 소스를 갖고 있어서 다른 기관보다 더 나은 예측을 할 수 있었던 것인지도 모른다. 모든 여론조사 기관이 평균을 중심으로 무작위로 흩어진 답변을 내놓았는데 우연히도 MRP 모형이 제일 가까운 값이었을 가능성도 있다. 한 번의 결과만 보고 어느 쪽이었는지 알아내기는 불가능하다.

다음 몇 번의 선거에서 MRP 모형이 다른 경쟁 모형보다 꾸준히 좋은 성적을 보여준다면 이 모형이 더 낫다고 더욱 확신할 수 있을 것이다. 하지만 그게 아니라면 5장에서 이야기한 통계적 유의성 문제와 마찬가지로 우리는 여전히 귀무가설을 기각할 수 없다. 설명할 것이 없다고 말이다.

## 20장

# 생존자 편향

베스트셀러 책은 어떻게 쓸까? 듣자 하니 그 비결이 어떤 공식[1], 혹은 알고리즘[2], 혹은 비밀코드[3]에 있다고들 한다. 한 기사에서는(공식에 관한 기사) J. K. 롤링, E. L. 제임스, 알렉스 마우드의 성공에 주목하며 저자가 중성적인 필명을 가진 여성인 것이 성공의 조건이라 주장했다. 한 기사에서는(알고리즘에 관한 기사) 텍스트 마이닝 text mining 소프트웨어를 이용해서 베스트셀러의 2,800가지 공통 특성을 찾아냈다. 예를 들면 '짧은 문장, 목소리가 주도하는 이야기, 박식한 어휘 덜 사용하기, 감정적 리듬, 감정이 고조되었다가 내려가고 또다시 고조되었다가 내려가기' 같은 것이었다. 저널리즘에 몸담았던 저자를 두는 것도 도움이 된다고 한다. 이 책의 저자 두 사람에게는 반가운 소식이다.

알고리즘으로 본문만 분석해봐도 책이 베스트셀러가 될지 그 여부를 97퍼센트의 정확도로 예측할 수 있다면, 남들한테는 말하지 않고 나만 그 알고리즘으로 베스트셀러를 써서 백만장자가 될 수 있겠다는 생각도 든다. 그건 그렇고, 우리가 묻고 싶은 질문은 다음과 같다. 베스트셀러 쓰는 법에 관한 이 자신감 넘치는 주장들은 어떤 실질적인 내용에 바탕을 둔 것일까? 아니면 또 하나의 통계적 오류에 불과할까?

스포일러 주의! 결론적으로 이것은 오류다. 앞 장에서 이야기했던 텍사스 명사수 오류와 아주 비슷하지만 미묘하고도 중요한 차이가 있다. 그것을 이해하기 위해 제2차 세계대전 폭격기에 관해 이야기해보자. 재미있는 이야기다.

1944년에 미해군은 일본의 활주로를 폭격하는 데 막대한 돈과 노력, 그리고 목숨을 소비하고 있었다. 미군의 폭격기는 툭하면 적군의 전투기와 지상 포화에 격추당했다. 미군은 철갑을 덧대서 폭격기를 강화하고 싶었지만 철갑은 무겁기 때문에 폭격기에 불필요한 부분까지 모두 철갑을 덧씌우고 싶지는 않았다. 그랬다가는 폭격기의 움직임이 굼떠져 기동성이 떨어질 것이고 활동 범위와 최대적재량도 낮아질 것이었다.

이들은 임무를 마치고 돌아온 폭격기가 주로 어디에 손상을 입었는지 조사했다. 합리적인 판단으로 보였다. 총탄과 대공포화 파편의 흔적이 주로 날개와 동체에 집중되어 있고 엔진에는 없는 것으로 나왔다. 그래서 날개와 동체에 추가로 철갑을 덧씌우기로 결정했다.

통계학자 아브라함 왈드Abraham Wald는 이 방식의 문제점을 지적했다.[6] 그에 따르면 해군은 비행기의 특정 부분집합만을 조사하고 있는 셈이었다. 항공모함으로 돌아온 비행기들로 이루어진 부분집합이었다. 날개와 동체에 손상을 입은 비행기는 기지로 성공적으로 돌아올 가능성이 크다. 반면 엔진에 손상을 입은 비행기는 대부분 바다에 추락하기 때문에 이 통계에서 빠져 있다.

이런 사실을 깨닫지 못한 미해군은 4장에서 이야기했던 것처럼 편향된 표본을 바탕으로 판단을 내리고 있었던 것이다. 이런 종류의 표본 편향을 생존자 편향survivorship bias이라고 한다. 이 경우에는 살아남아 소식을 전한 구성원만을 고려하게 된다.

## 생존자 편향

태평양에 추락한 더글러스 SBD 돈틀리스 급강하 폭격기는 특히나 극적인 사례지만, 그보다 평범한 생존자 편향의 사례도 아주 많다. 아마도 가장 제일 뻔한 사례는 비즈니스 리더들이 쓰는 '나의 성공 비결' 부류의 책일 것이다. 이런 책들은 주변에서 많이 볼 수 있다.

우리는 모두 백만장자가 되기를 원하기 때문에 이런 책들이 잘 팔린다. 하지만 이런 책들은 보통 생존자 편향을 늘어놓은 사례들에 불과하다.

경제학자 게리 스미스Gary Smith는 자신의 책《숫자를 읽는 힘Standard Deviations》에서 두 권의 책을 살펴보았다. 이 둘은 잘나가는 회사 54곳을 조사해서 기업 문화, 복장 규정 등과 관련된 공통적인 특성을 뽑아낸 책이었다.[5] 스미스는 이 두 책이 쓰일 때까지는 실제로 이 회사들이 모두 시장을 능가하는 실적을 보여주었던 반면, 책이 출판된 후로는 그중 거의 절반에 해당하는 회사가 주식시장보다 못한 실적을 보이기 시작했음을 지적했다. 즉, 평균적인 회사보다 실적이 뒤처졌다는 말이다. 뛰어난 기업 문화를 홍보하던 책들은 사실 임무를 마치고 돌아온 비행기만 살펴보고 있었던 셈이다. 기지로 돌아오지 못한 비행기들에는 무슨 일이 있었는지는 생각해보지도 않고, 돌아온 비행기가 어디에 손상을 입었는지만 살펴본 것이다.

더 일상적인 다른 사례들도 있다. 미국의 수학자 조던 엘렌버그Jordan Ellenberg는 '볼티모어 증권중개인의 우화'를 이야기했다.[6] 어느 날 투자회사로부터 메일 한 통을 받았다. 거기에는 이렇게 적혀 있었다. "저희에게 투자하십시오. 저희는 항상 좋은 주식을 골라냅니다. 저희 말을 믿지 못하실 테니 무료로 투자 비법을 알려드리겠습니다. 거시기 주식회사의 주식을 매수하십시오." 다음 날 보니 거시기 주식회사의 주식이 정말 올라갔다.

다음 날 그 투자회사에서 또 한 통의 메일이 날아왔다. "오늘은 뭐시기 주식회사의 주식을 매도하십시오." 다음날 보니 뭐시기 주식회사의 주식이 정말 떨어졌다.

이런 식으로 열흘 간 매일 한 통의 메일이 날아들었고, 그때마다 올라갈 주식과 떨어질 주식을 정확히 맞혔다. 그리고 열한 번째 날에 날아온 메일에는 이런 내용이 담겨 있었다. "이제 저희를 믿고 투자해보시겠습니까?" 열 번이나 연속으로 맞혔으니 못 믿을 이유가 없다. 여기에 투자하면 절대 잃을 일이 없을 것이다. 그래서 당신은 자녀의 대학 학비 적금을 털어서 투자한다.

하지만 그 진상은 다음과 같다. 그 투자회사에서는 1만 통의 메일을 보냈다. 5,000통에는 '거시기 주식회사의 주식을 매수하십시오'라고 적고, 나머지 5,000통에는 매도하라고 적었다. 거시기 주식회사의 주식이 올라가면, 다음 날에는 매수를 권했던 사람 5,000명 중 2,500명에게는 뭐시기 주식회사의 주식을 매수하라고 적고, 2,500명에게는 매도하라고 적었다.

그리고 뭐시기 주식회사의 주식이 떨어지자, 이번에는 2,500명에게 메일을 보낸다. 이런 식으로 계속 이어진다. 이렇게 열흘이 지나고 나면 연속적으로 성공적인 투자 비법을 받은 사람이 10명 정도 남는다. 그럼 이들은 이 기적의 증권중개인을 믿지 않을 수 없다. 그래서 전 재산을 투자한다. 그리고 당연히 그 사기꾼은 돈을 들고 도망친다. 텔레비전에 출연하는 마술사 데렌 브라운은 이와 똑같은 방법을 사용해서 경마에서 이기는 경주마 다섯 마리를 보여준 다음 한 젊은 엄마가 평생 모은 돈을 여섯 번째 말에 걸게 만들었다.[7]

이런 종류의 사기가 실제로 일어나지는 않았던 것 같다. 조던 엘렌버그가 트위터로 전한 이야기를 보면 실제로 볼티모어 증권중개인 사기가 일어난 사례는 알지 못한다고 했다. 하지만 이런 일이 우연히 일어날 수는 있다. 세상에는 수천 곳의 투자회사가 있는데, 그중 몇몇이 한동안 놀라운 수익률을 기록할 수 있다. 그러면 사람들의 관심이 쏠리며 많은 투자가 이루어진다. 하지만 이것이 정말 그 투자회사가 정말로 주식시장을 이겼기 때문일까, 아니면 그냥 그들은 운이 좋았을 뿐 조용히 파산하고 문을 닫은 다른 투자회사들은 눈에 들어오지 않았기 때문일까?

이런 식으로 생각해보자. 모두 다른 색깔의 모자를 쓴 1,296명에게 주사위를 굴리게 한다. 그럼 그중 216명 정도는 6이 나올 것이다. 다시 그 216명에게 주사위를 굴리게 하면 36명 정도가 6이 나온다. 그리고 그 36명이 다시 굴리면 6명 정도가 6이 나온다. 거기서 다시 굴리면 1명 정도는 6이 나올 것이다. 그럼 당신은 이제 연속으로 6이 나온 그 사람의 모자

색을 보며 이렇게 말한다. "주사위를 굴려 연속으로 4번 6이 나오게 하는 비밀은 주황색과 검은색 줄무늬 모자를 쓰는 것이로군요." 뒤를 돌아보면서 과거에 성공과 상관관계가 있었던 것을 찾기는 쉽다. 하지만 우리에게 필요한 것은 미래의 성공을 예측해주는 것을 찾는 것이다. 주황색-검은색 줄무늬 모자를 쓴다고 다음번 주사위 굴리기에서 6이 나올 거라 생각할 이유는 없다.

생존자 편향은 '종속변수 선택selecting on the dependent variable'이라는 더 포괄적인 문제의 한 사례다. 복잡하게 들리지만 개념은 간단하다. X가 실제로 일어난 사례만 살펴보아서는 X가 일어나는 이유를 알아낼 수 없다는 것이다. 과학실험에서 '독립변수independent variable'란 당신이 변화시키는 대상이다(투여하는 약의 용량 등). '종속변수dependent variable'란 변화하는지 확인하기 위해 측정하는 대상이다(환자의 생존율 등).

그럼 물을 마시는 것이 관절염을 유발하는지 알고 싶다고 해보자(관절염에 걸리는 것이 당신의 종속변수다). 관절염에 걸린 사람들을 모두 살펴보면 모두 물을 마셨었다는 것을 바로 알 수 있을 것이다. 하지만 관절염에 걸리지 않은 사람들을 모두 살펴본 것은 아니기 때문에 관절염 환자가 나머지 사람보다 물을 더 많이 마시는지는 알 수 없다.

말할 필요도 없이 뻔한 이야기로 보이지만, 이런 일이 항상 벌어지고 있다. 총기 난사 사건이 벌어질 때마다 언론에서는 총격범에 대해 알아보고,[8] 그들이 폭력적인 비디오게임을 좋아했었다는 것을 알아낸다.[9] 도널드 트럼프 대통령도 2019년에 텍사스 엘패소와 오하이오 데이턴에서 총기 난사 사건이 일어난 후에 똑같은 말을 했다.[10]

하지만 이것은 물-관절염 사례만큼이나 명백한 종속변수 선택의 사례다. 여기서 올바른 질문은 "총격범이 폭력적인 비디오 게임을 즐기는가?"가 아니라 "총격범이 다른 사람들보다 폭력적인 비디오 게임을 더 즐기는가?"가 되어야 한다. (그리고 나서는 인과관계에 관해 물어보아야 한다. "이들은 게임을 즐기기 때문에 폭력적으로 변하는 것인가, 폭력을 좋아하기 때문에 게임을 즐기는 것인가?" 인과관계에 관한 이야기는 8장을 참고하라.)

젊은 남성 대다수가 폭력적인 비디오 게임을 즐기고, 대부분의 총격범은 젊은 남성이기 때문에 어느 총격범이라도 과거에 게임 '콜 오브 듀티Call of Duty'나 다른 1인칭 총격 게임을 즐겼을 가능성이 지극히 크다. 총격범이 폭력적인 비디오 게임을 즐겼다는 말은 그들이 파스타를 먹은 적이 있다거나 티셔츠를 입은 적이 있다는 이야기보다 놀라울 것이 없다. 적어도 한 연구에서는 폭력적인 비디오 게임을 즐기는 것이 살인범죄율 저하와 관련이 있음을 밝혀냈다. 아마도 그 이유는 게임을 안 했다면 밖에 나가서 폭력을 저지르고 다녔을 젊은 남성들이 집에서 게임에 빠져 있었기 때문일 것이다.[11]

지금까지 언론에 관해 이야기해왔지만 생존자 편향과 종속변

수 선택의 문제는 뉴스보다는 그 위쪽에 더 심오한 영향을 미친다. 언론에서는 과학연구에 대해 보도하지만, 출판되어 나온 과학연구만 보도한다. 그런데 문제는 출판되어 뉴스에 보도되는 과학연구가 항공모함에서 날려 보낸 유일한 비행기가 아니라는 점이다. 이 연구들은 항공모함 기지로 되돌아오는 데 성공한 비행기일 뿐이다.

15장에서 이야기했던 새로움에 대한 요구 때문에 보통은 흥미로운 결과를 내놓은 과학연구들만 출판된다.

당신이 검사하는 항우울제가 있다고 해보자. 이 약은 사실 아무런 효과도 없는데 당신은 아직 그 사실을 모르고 있다. 열 번의 연구를 진행했는데, 특히 그 연구의 규모가 작은 경우라면 연구마다 살짝 다른 결과가 나올 수 있다. 다섯 번째의 연구에서는 아무런 효과도 나타나지 않았고, 세 번째의 연구에서는 오히려 상황을 악화시킨 것 같고, 두 번째의 연구에서는 살짝 증상 개선이 있었다. 실제로 이 약은 효과가 없다. 하지만 순전히 요행 때문에 이 연구들은 서로 다른 연구 결과를 내놓았다.

새롭고 흥미로운(그리고 당신이 제약회사 쪽 사람이라면 돈이 되는) 연구 결과는 '이 약이 효과가 있다'라는 결과이기 때문에 그런 결과를 내놓은 연구가 학술지에 출판될 가능성이 더 크다(15장이 기억날 것이다). 그래서 약이 효과가 없거나 부정적인 효과가 있다고 나온 여덟 번째의 연구는 과학자의 파일 서랍장 어딘가에 처박혀 있게 된다. 그리고 다른 누군가가 이 연구의 증거를 검토하기 위해 찾아오면 이 항우울제에 관한 연구 중

오직 두 편에서만 효과가 있다고 나왔음을 알게 될 것이다. 그리고 의사들은 아무런 효과도 없는 이 항우울제를 처방하게 될 것이다. 과학적 증거가 뒷받침하는 것처럼 보이기 때문이다.

이러한 상황은 실제로 일어나고, 이런 일은 사람의 목숨이 달린 문제들로 이어진다. 한 연구에서는 출판된 항우울제 실험 중 94퍼센트가 양성의 결과를 내놓았음을 발견했다. 하지만 이들이 출판되지 않은 연구들을 찾아내 함께 고려해보았더니 그 수치가 51퍼센트로 떨어졌다.[12]

이 편향에는 또 다른 측면이 존재한다. 독자들이 주류 언론을 통해 과학연구에 관한 기사를 읽을 때는 그것이 뉴스에 올라올 만큼 흥미로운 내용일 것이라 여긴다는 점이다. "새로운 연구에 따르면 불에 탄 토스트가 실제로는 암을 유발하지 않는다고 한다", 혹은 "연구에 따르면 페이스북은 사실 아동의 뇌를 좀먹지 않는다고 한다" 같은 기사는 헤드라인에 올라오기 힘들 것이다. 신문에서 과학 분야 기사를 볼 때는 그 과학연구가 이미 전투 임무를 마치고 기지로 돌아온 비행기임을 기억하자. 그렇다고 그 기사가 진실이 아니라는 의미는 아니다. 하지만 경계해야 할 이유가 된다. 똑같은 대상을 연구했던 다른 연구들이 얼마나 많이 격추되었는지 알 수 없는 노릇이니까 말이다.

그럼 알고리즘을 이용해서 베스트셀러를 예측할 수 있을까? 중성적인 필명이 여성 작가의 글이 출판되는 데 도움을 줄까?

알 수 없는 노릇이다. 중성적인 필명을 가진 여성 작가 중 출판이 되지 않은 사람이 몇 명이나 있는지 모르기 때문이다. 그리고 알고리즘이 원고가 베스트셀러가 될지를 97퍼센트의 정확도로 예측할 수 있을까? 베스트셀러 목록에 오르지 못하거나 아예 출판조차 되지 않은 책들을 모두 살펴본 것이 아닌 한, 그런 예측은 하지 못할 것이 거의 확실하다. 총격범을 모두 조사해서 그들이 폭력적인 비디오 게임을 즐겼는지 확인할 수는 있다. 하지만 그것으로는 폭력적인 비디오 게임이 총기 난사 사건을 일으키는지를 알 수 없다. 그와 마찬가지로 베스트셀러에서 공통적으로 등장하는 어휘나 줄거리의 특성을 확인할 수야 있겠지만 그것으로는 그런 특성이 실제로 책 판매에 도움이 되는지 알 수는 없다. 기지로 무사히 돌아온 비행기들을 보며 날개에 박힌 총알구멍만 세어보고 있으니 말이다.

# 21장
# 충돌 편향

코로나19의 전 세계적인 대유행 초반에는 이상한 현상이 일어났다. 코로나19로 입원한 사람은 다른 사람보다 흡연할 확률이 낮은 것으로 나타났다.[1] 이 사실을 포착한 〈데일리 메일〉에서는, 심지어 프랑스의 병원에서는 코로나 환자들에게 니코틴 패치를 붙여주고 있다고 전했다.[2]

이것은 정말 이상한 일이었다. 흡연은 몸에 엄청나게 안 좋다. 아마도 수많은 인구가 하는 행위 중에서 직접적으로 가장 큰 위험을 주는 행위일 것이다. 그리고 흡연이 위험한 이유는 호흡계를 엉망으로 만들기 때문이다. 흡연은 폐암, 만성 폐쇄성 폐질환, 폐기종, 그리고 숨을 들이마셔서 필요한 곳으로 산소를 공급하는 능력에 온갖 해로운 문제를 일으킨다. 코로나

19는 호흡기 질환이기 때문에 흡연이 생존율을 끌어올리기는 커녕 끌어내릴 것이라 예상할 수 있다.

하지만 이 직관에 어긋나는 이상한 연구 결과가 계속 나왔다. 대체 무슨 일일까?

가끔 이례적인 통계가 얼굴을 내미는 경우가 있다. 이것을 충돌 편향collider bias이라고 한다. 이것은 이상한 결과를 툭 던져서 진짜 상관관계가 없는 것처럼 보이게 만들거나, 무에서 가상의 상관관계를 만들어내기도 한다. 심지어 현실과 정반대로 보이게 만들 수도 있다.

7장에서 교란변수를 통제하는 것에 대해 이야기했었다. 사람이 얼마나 빨리 달릴 수 있는지 살펴보는 연구를 진행한다고 해보자. 무언가가 눈에 들어온다. 평균적으로 머리카락 색이 하얀 사람일수록 달리는 속도도 느려진 것이다.

흰머리가 속도를 늦춘 것일 수 있다. 하지만 그보다는 두 가지 요인 모두 제3의 요인과 관련이 있을 가능성이 더 크다. 아마도 나이일 것이다. 아마도 나이가 들면서 머리도 하얗게 변하고 동시에 달리기 속도도 느려졌을 것이다.

나이 변수를 '통제'한다면 그런 연결고리가 사라질지도 모른다. 이런 교란변수는 연구 결과를 편향시킬 수 있다. 이런 변수를 통제하지 않는 한 연구 결과는 과장되거나 축소될 수 있다. 그리고 이것이 흰머리가 달리기 속도를 느리게 만든다는 비논리적인 연결고리를 만들어낼 수 있는 것이다.

이것을 '방향성 비사이클 그래프directed acyclic graph'라는 도표에 그려볼 수 있다. 이것은 인과의 화살이 어디를 가리키는 지 보여준다. '교란변수'는 당신이 선택한 '독립변수'(흰머리) 와 그 독립변수가 영향을 미칠지 모른다고 생각하는 '종속변 수'(달리기 속도) 모두를 일으키는 어떤 것을 말한다. 우리는 흰 머리가 달리기 속도에 영향을 미치는지 여부에 관심이 있다. 이것이 아래 그림에 나온 검은색 화살표다. 하지만 이 둘은 상 관관계는 있지만 사실 양쪽 모두 제3의 요인인 나이에 영향을 받는다. 이것이 하얀색 화살표로 그려져 있다.

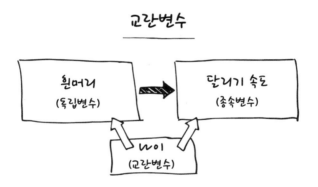

교란변수를 통제하는 것은 반드시 필요한 부분이고, 아주 훌륭한 통계적 관행이다. 하지만 그렇다고 모두 교란변수라 가 정하고 최대한 많은 변수를 통제해야 한다는 의미는 아니다. 가끔은 그것 때문에 결과가 틀어질 수도 있다. 분석할 때 추가 로 변수를 더하면 실제로는 관련이 없는 두 가지가 서로 관련 된 것처럼 보이게 만들 수도 있다.

사례를 살펴보자. 연기력과 외모는 서로 관련이 없다고 가정해보자. 연기력이 뛰어나다고 해서 다른 사람들보다 외모가 뛰어날 확률이 높지도 낮지도 않다. 따라서 어느 한쪽의 재능을 안다고 해도 다른 쪽 재능이 어떤지는 알 수 없다.

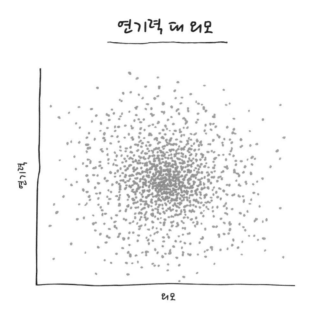

하지만 이번에는 연기를 잘하고, 외모도 출중한 사람을 위한 출셋길이 있다고 상상해보자. 이를테면 유명한 할리우드 배우가 되는 것이다. 못생기고 연기도 못하면 유명한 배우가 될 수 없을 것이다. 따라서 대부분의 유명한 배우는 연기력이나 외모 중 어느 한쪽이 뛰어나거나 양쪽 모두 뛰어나다.

하지만 할리우드 배우만 모아놓고 살펴보았더니 무언가 눈에 들어온다. 외모가 출중한 사람들이 덜 출중한 사람보다 연기력이 떨어지는 경향이 나타나는 것이다. 전체 인구를 보면 두 특성은 서로 관련이 없는데도 말이다.

그 이유는 유명한 배우들이 이 두 가지 특성을 바탕으로 뽑힌 사람이기 때문이다. 외모가 특출한 사람이면 연기를 그렇게 잘할 필요가 없고, 그 역도 성립한다. 그래서 외모도 안 되고 연기도 못하는 배우는 즉각적으로 선택에서 제외되고 아래와 같은 그래프가 만들어진다.

미국의 대학 입학에서도 같은 일이 일어난다. 머리가 좋거

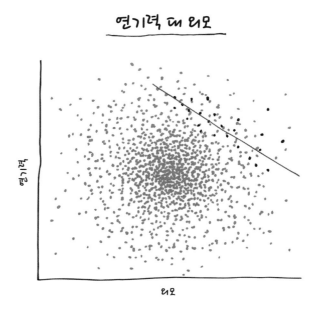

연기력 대 외모

나 운동을 잘하면 대학에 갈 수 있다. 일반 인구집단에서는 이두 가지 특성이 서로 상관이 없거나 느슨하게 관련되어 있다. 하지만 대학에 들어갈 때는 둘 중 어느 하나만 잘하면 되기 때문에 미국 대학생 인구집단에서는 운동능력이 학습능력과 음의 상관관계를 갖는다. 그래서 운동을 잘하면 머리가 나쁘다는 고정관념이 생긴 것이다.

지금까지 들었던 사례들은 데이터 선택 때문에 일어난 것이다. 즉, 할리우드 배우나 미국 대학생만을 살펴보아서 생긴 사례다. 하지만 모든 데이터를 살펴본 다음 이런 변수만 '통제' 했어도 정확히 똑같은 일이 일어났을 것이다. 예를 들어 고열이 있는 아동은 식중독에 걸렸을 수도 있고, 독감에 걸렸을 수도 있다. (다른 병도 몇 가지 있지만 여기서는 이 두 가지만 따져보자.) 이 두 질병이 아무런 상관관계가 없다고 해보자. 어느 한쪽 병에 걸렸다고 해서 나머지 병에도 걸렸을 확률이 더 높을 이유가 없는 것이다.

하지만 식중독과 독감 사이의 관련성을 살펴보는 연구를 진행해서 고열이 있는지 없는지를 통제하면 마치 식중독에 걸린 아동은 독감에 걸릴 확률이 낮은 것처럼 보이게 된다. 마치 식중독이 아동을 독감으로부터 보호해주는 것처럼 말이다.

이것은 외모나 연기력 중 하나는 뛰어나지만 양쪽 다 뛰어난 경우는 드문 배우들의 상황과 비슷하다. 열이 나는 아동은 식중독이나 독감에 걸렸을 테지만 아마도 양쪽 모두 걸리지는 않았을 것처럼 말이다. 하지만 이는 편향이 특정 집단(할리우드 배우)만을 바라보아서 생기는 것이 아니다. 그보다는 연구자들이 제 딴에는 편향을 줄이려고 교란변수를 통제하고 있다고 생각했는데, 사실은 충돌변수collider variable를 보태서 우연히 편향을 만들어냈기 때문에 생기는 것이다.

이런 충돌변수는 교란변수와 정반대다. 교란변수는 조사 대상인 양쪽 변수를 모두 일으키는 반면, 충돌변수의 경우에는 조사 대상인 양쪽 변수가 충돌변수를 일으킨다. 그래서 교란변수를 통제하면 편향을 줄이는 데 도움이 되는 반면, 충돌변수를 통제하면(혹은 선택하면) 오히려 편향을 일으킬 수 있다(이것을 충돌변수라 부르는 이유는 화살표들이 충돌하기 때문이다). 이를 다시 한번 방향성 비사이클 그래프에서 볼 수 있다. 검은색 화살표는 우리가 조사하려는 것이고, 하얀색 화살표는 무엇이 무엇에 영향을 미치는지 보여주는 것임을 기억하자.

보건의료 분야에서 실제로 있었던 충돌 편향의 사례는 1978년에 처음 확인되었고, 그 후로 몇 번에 걸쳐 밝혀졌다.[3]

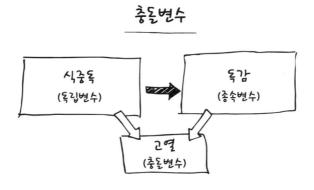

충돌변수

식중독
(독립변수)

독감
(종속변수)

고열
(충돌변수)

코로나19와 흡연 간에도 이와 비슷한 일이 일어나고 있는 것일까? 아마도 그럴 것이다. 2020년 5월에 나온 출판전논문 한 편은 충돌 편향이 어떤 다양한 방법으로 코로나19 발발에 대한 우리의 이해를 왜곡할 수 있는지 보여주었다.[4] 이 논문에서는 대량의 관찰 데이터가 입수되는 경우에도 관찰 대상 환자들이 항상 폭넓은 인구를 대표하고 있는 것은 아님을 지적했다. 이 환자들은 아주 특정한 배경을 바탕으로 선별되고 있었다.

흡연 사례에서 코로나19 발발 초기에 검사받은 사람들은 무작위로 선별된 대상이 아니었다. 주로 보건의료종사자가 많았다. 보건의료종사자들은 일반 대중보다 흡연율이 떨어지는 경향이 있다.

코로나19 검사를 많이 받은 또 다른 부류의 사람으로는 증상이 심각한 사람들이 있었다. 따라서 '보건의료종사자'이면서, '심각한 코로나19 증상이 있으면' 검사를 받게 됐고, 또 거기서 양성이 나오면 병원에 입원하게 됐다. 하지만 보건의료종사자는 비흡연과 연관되어 있기 때문에 코로나 바이러스 양성이 나온 인구집단 중에 비흡연 보건의료종사자의 비율이 높아졌다.

배우의 '외모 대 연기력' 사례도 이와 비슷한 경우다. 다만 '유명한 배우 되기' 대신 여기서는 '코로나19 검사에서 양성 나오기'를 바탕으로 뽑힌다는 것만 다르다. 코로나19 검사 양성이 나오려면 1) 분명한 코로나19 증상을 가지고 있거나, 2)

보건의료종사자(따라서 아마도 비흡연자)이거나 둘 중 하나여야 한다. 이 두 가지가 모두 없으면 검사를 받지 않게 될 것이고, 따라서 검사를 받은 사람을 기준으로 사람을 선별하면 두 가지가 서로 상관관계가 없는데도 있는 것처럼 보이게 된다.

이 출판전논문은 흡연율과 코로나19 증상의 심각성 사이에 아무런 연관이 없는 경우에도 전체 인구의 흡연율과 검사를 받는 집단의 흡연율에 대한 현실적인 가정이 겉으로는 강한 상관관계가 있는 것처럼 보이게 만들 수 있음을 보여주었다. 현 단계에서는 흡연이 코로나19로부터 보호해주는 작용이 없다고 확신할 수 없지만, 이는 직관에 어긋나는 내용이기 때문에 의심스러운 눈길로 바라볼 필요가 있다.

충돌 편향을 알아차리기는 쉽지 않다. 예를 들어 일부 과학자는 '비만의 역설 obesity paradox' 뒤에도 충돌 편향이 자리 잡고 있다고 주장한다. 비만의 역설이란 비만인 사람이 정상 체중인 사람보다 당뇨로 사망할 확률이 낮은 것처럼 보이는 현상을 말한다. 이것이 사실이 아니라 주장하는 사람들이 있다.[5] 여기에 대해서는 현재 논쟁이 이어지고 있다. 과학자들도 무엇이 충돌 편향이고, 무엇이 아닌지 확실히 정하지 못하고 있는 마당에 기자와 독자들에게 그것을 요구하는 것은 불공정해 보인다. 하지만 연구에서 다른 요인들을 통제하기 위해 최선을 다했어도 상관관계가 여러 방식으로 오해를 불러일으킬 수 있음을 인식하고 있는 것이 좋다. 때로는 잘해보겠다고 요인을 통제하는 것이 오히려 상황을 악화시키기도 한다.

## 22장

# 굿하트의 법칙

2020년 4월, 당시 코로나19에 잘 대처하지 못하고 있던 영국은 코로나19 검사 제도를 본궤도에 올려놓기 위해 필사적으로 노력 중이었다.

일부 국가에서는 잘하고, 일부 국가는 그렇지 못했던 이유를 정확히 알기는 힘들다. 앞으로 천천히 밝혀지게 될 것이다. 하지만 한 가지 눈에 띄는 부분은 질병의 확산을 초기에 억누르는 데 성공한 많은 국가가 효과적인 코로나19 검사 제도를 두고 있었다는 것이다. 영국은 오랫동안 그 부분에서 뒤처지고 있었다.

보건사회복지부 장관이었던 매트 핸콕은 4월의 시작과 함께 4월 말경에는 영국의 하루 코로나19 검사 건수를 10만 건

으로 끌어올리겠다고 선언했다.[1] 당시에는 검사 검수가 간신히 1만 건 근처를 맴돌고 있었다.[2]

그 이후로는 상황이 조금 이상해졌다. '불충분'과 '충분' 사이의 마법의 문턱을 넘느냐 못 넘느냐가 중요한, 국회 투표나 선거에 익숙한 정치부 기자들이 이 수치들을 자세히 들여다보기 시작한 것이다.[3] 2020년 4월 20일까지도 수치는 '충분' 근처도 가지 못했다. 그런데 무슨 마법의 X 팩터라도 작용한 것처럼 5월 1일에 핸콕이 라이브 TV 프로그램에 나타나 이렇게 선포했다. "4월의 마지막 날이었던 어제의 검사 건수가 12만 2,347건이었습니다."[4] 그리고 이렇게 덧붙였다. "이것이 대담한 목표라는 것을 알고 있었습니다만, 우리는 그런 대담한 목표가 필요했습니다. 영국 사회가 다시 두 발로 일어서기 위해서는 검사가 정말 중요하기 때문입니다."

끝이 좋으니 다 좋은 것인가? 그렇지는 않았다. 12만 2,347건이라는 과감한 숫자는 여러 가지 문제점을 숨기고 있는 것으로 밝혀졌다.

우선 원래의 목표는 하루에 10만 건의 검사를 수행하는 것이었다. 하지만 4월 말 즈음에 장관들의 입에서는 그런 검사를 수행하는 능력에 관한 이야기가 나오고 있었고, 핸콕은 보수당 지지자들에게 검사를 신청하라고 애원하는 이메일을 보내고 있었다.[5]

그것만으로도 문제였지만, 더 걱정스러운 부분이 있었다. 12만 2,347건이라는 숫자 안에는 우편으로 배달은 되었지만 꼭 사용되었다고는 보기 힘든 약 4만 건에 이르는 검사도 포함되어 있었다.[6] 그달 말에 'BBC 라디오 4'의 프로그램 '모어 오어 레스More or Less'에서 인정사정없이 비판했듯이, 정부가 발표한 검사 건수에는 누군가가 과거에 그 병을 앓았는지 판단할 때 사용하는 항체 검사도 포함되어 있었다. 이것도 중요한 부분이기는 하지만 누군가가 현재 병을 앓고 있는지 따라서 격리가 필요한지 판단할 목적으로 사용하는 PCR 검사와는 완전히 다른 것이었다.[7] 그리고 이 숫자에는 첫 번째 검사가 제대로 나오지 않아 같은 날에 여러 번 검사를 받은 사람도 포함되어 있었다. 개인을 대상으로 실제로 진행된 진단 검사의 실제 숫자는 훨씬 낮았다. 정확한 숫자를 판단하기는 어렵지만, 10만 건보다는 한참 아래였고 4월 내내 그렇게 낮은 수가 유지되고 있었다. 영국 정부는 시행된 검사 수를 대충 처리한 것에 관해 자체 통계 감시기구에서도 두 번이나 질책받았다.[8]

그럼 무엇이 잘못된 것일까? 수행한 검사 건수라는 이 단순한 숫자가 어떻게 그런 혼란과 오해를 낳을 수 있을까?

경제학에서는 잉글랜드은행Bank of England(영국의 중앙은행 – 옮긴이)의 전직 경제고문이었던 찰스 굿하트Charles Goodhart의 이름을 딴 '굿하트의 법칙Goodhart's law'이라는 것이 있다. "측정치가 목표가 되는 순간, 더 이상 그것은 좋은 측정치가 되지 못한다." 재미없는 소리 같지만, 심오한 함축적 의미를 담은 이야기다. 일단 한번 인식하고 나면 이런 문제가 어디서나 보인다. 이것은 무언가를 얼마나 잘하고 있는지 평가하기 위해 어떤 평가 기준을 도입하면, 사람들은 그 기준을 기만하려 든다는 의미다.

그 전형적인 사례를 교육 분야에서 볼 수 있다. 어느 학교 출신의 학생들이 다른 학교 출신 학생들보다 더 잘나가는 것이 당신 눈에 들어왔다고 해보자. 그 학생들은 대학 진학도 더 잘하고, 직장도 더 잘 구하고, 다방면에 걸쳐 능력 있는 우등 시민으로 성장했다. 더 자세히 들여다보니 잘나가는 학교의 학생들은 나머지 학교 학생들보다 시험에서 C 학점보다 A⁺ 학점을 받는 비율이 더 높았다.

오호라! 당신은 생각한다. '학교의 학업성과를 평가하는 데 사용할 평가 기준이 생겼군!' 당신은 그런 높은 학점을 받는 학생의 비율을 기준으로 학교의 등급을 매기기 시작한다. 비율이 높게 나오는 학교는 상을 주고, 낮게 나오는 학교는 교장을 자르는 등의 특별한 조치를 취할 것이다.

머지않아 C 학점보다 A⁺ 학점을 받는 학생의 비율이 높아지는 학교가 많아진다. '좋았어!' 하지만 그런 학교 출신들이 빛나는 졸업성적표에도 불구하고 당신이 바랐던 우등 시민의 자질을 갖춘 것 같지는 않았다.

무슨 일이 일어났는지는 어렵지 않게 추측할 수 있을 것이다. 교사들은 교장과 교육당국에게 A⁺ 학점의 비율을 끌어올리라는 압박을 받았을 것이다. 분명 교사들은 최선을 다했겠지만 목표를 달성하지 못하면 승진 기회가 날아간다는 것을 알게 됐다.

그래서 그중 일부는 목표를 달성하는 가장 빠르고 쉬운 방법을 찾아냈다. 그 방법은 학생들에게 아리스토텔레스 식의 균형 잡힌 교육을 통해 건강한 육신과 건강한 정신을 함께 육성하고, 호기심과 내면의 강인함을 이끌어내는 것이 아니었다. 가장 빠르고 쉬운 방법은 학생들에게 수백 개의 기출문제를 보여주며 예상문제를 알려주는 것이다. 시스템을 속이는 것이 가장 손쉬운 방법이다.

이것은 가상의 사례지만 그와 비슷한 일이 실제로 일어났다. 2013년에 교육연구자 데이지 크리스토둘루Daisy Christodoulou가 지적한 바와 같이, 영국에서 C학점 대비 A⁺학점의 수를 목표로 삼자 교사들이 그 목표를 가지고 장난을 치기 시작했다. 수치를 끌어올리기 위해 경계에 살짝 걸쳐 있었던 학생들을 집중적으로 관리하기 시작한 것이다.[9]

보건의료 분야에서도 그런 증거가 있다. 오리건주에서는 병원의 진료의 질 평가 기준에서 병원 내 사망률inhospital mortality이 중요하다. 즉, 입원한 환자 중 사망하는 사람의 비율이 얼마나 되는지를 중요하게 여기는 것이다. 하지만 2017년에 의사들로부터 불평이 터져 나왔다. 병원 행정부에서 병세가 심각한 환자는 병원 내 사망률을 끌어올릴 가능성이 높다며 입원을 거부한다는 것이었다.[10] 2006년에 미국 메디케어Medicare(미국의 노인의료보험제도 – 옮긴이) 프로그램에서는 '병원 재입원 감소 프로그램Hospital Readmissions Reduction Program, HRRP'을 시작해 퇴원하고 30일 안으로 병원에 재입원하는 심부전 환자가 몇 명이나 되는지 측정했다. 2018년의 연구에 따르면 이것이 오히려 사망률을 높인 것으로 나타났다. 병원에서 환자가 통계에 포함되는 것을 피하기 위해 31일째 되는 날까지 입원을 지연시켰기 때문이다.[11]

앞에서 이미 또 다른 사례를 살펴본 적이 있다. 학계에 만연한 '논문을 출판하거나 망하거나' 모형이다. 이 모형에서는 과학자의 가치를 얼마나 많은 과학논문을 발표하는지로 측정한다. 그리고 그와 관련해서 논문이 통계적 유의성에 도달해서 양성의 결과를 내놓지 못하면 학술지에 출판될 가능성이 훨씬 떨어지는 관행도 존재한다. 상황이 그렇다 보니 과학자들은 아무리 쓰레기 같은 논문이라도 $p < 0.05$가 나오게 통계를 조작하거나, 무위 결과가 나온 경우에는 그냥 묻어버리는 식으로 처리해서 어떻게든 논문을 출판하려고 한다. 한 연구에서는 과학자들이 평가 기준(출판된 논문의 수, 각각의 논문이 인용된 횟수 등)을 기만할 때가 많다는 것을 밝혀냈다. 그렇다 보니 이런 것이 연구의 질을 평가하는 지표로서의 쓸모가 점점 떨어지고 있다.[12]

사업 분야도 같은 문제를 갖고 있다. 이 책의 저자 중 한 명인 톰은 조회수나 순 방문자unique user의 숫자로 사용자 참여도를 측정하는 언론사들은 결국 콘텐츠의 질을 희생해서라도 그런 수치를 극대화할 수 있는 콘텐츠를 만들어내게 된다는 사실을 아주 잘 알고 있다(한 편집자는 홈페이지 링크를 클릭하면 또 다른 홈페이지로 넘어가게 해야 한다고 주장하기도 했다. 그럼 독자들은 실제 이야기로 들어가기 위해 클릭을 두 번 해야 하고, 따라서 조회수 통계에서 클릭 수가 두 번으로 올라갈 것이다. 어떤 분야에서 일을 하든, 이와 비슷한 사례들을 생각해볼 수 있다).

여기서 문제는 이런 수치들은 우리가 정말로 관심을 갖고 있는 대상이 아니라 그 대용물에 불과하다는 점이다. 교육에서 우리의 진짜 관심은 어른으로서의 삶에 준비된 우등 시민을 만들어내는 것이다. 시험 성적 자체에 초점이 맞추어져서는 안 된다. 30일 안으로 병원에 재입원하는 환자가 몇 명인지도 우리의 관심사가 아니다. 다만 그 수치를 통해 환자들이 받는 진료의 질을 가늠할 수만 있으면 된다. 그리고 과학자가 논문을 몇 편이나 내는지, 그 논문이 얼마나 널리 인용되는지도 우리의 진짜 관심사가 아니다. 그들이 하고 있는 과학의 질을 알고 싶을 뿐이다.

측정이 소용없는 일이라 주장하는 것이 아니다. 무언가를 잘하고 있는지를 확인하려면 측정이 필요하다. 수백만, 수천만 명 규모의 현대 국가에서 정부가 모든 학교와 병원을 개별적으로 일일이 평가하기는 불가능하다. 현대의 대규모 사업체도 마찬가지다. 평가 기준은 그래서 존재하는 것이다. 예를 들어 자동차 회사에서는 차를 제일 많이 파는 판매원에게 인센티브를 제공하여 목표 달성을 위해 더 열심히 일하게 하고 전체 판매실적을 개선하려 한다. 평가 기준은 반드시 필요한 것이다.

하지만 여기에도 빛과 그림자가 있다. 자동차 판매원들이 서로 협력하기보다는 경쟁을 시작해서 고객 앞에서 서로를 깎

아내리기 시작한다면 오히려 전체적인 자동차 판매량이 줄어들 수도 있다. 책임자가 신중하게 접근하지 않으면 정말로 중요한 것은 평가 기준이 아님을 잊어버리기 쉽다. 평가 기준이란 다면적이고 복잡해서 정의하기는 힘들지만, 실제로 존재하는 어떤 특성을 파악하기 위해 사용하는 대용물에 불과하다. 정말로 중요한 것은 그 특성이다. 언론 종사자들도 그런 점을 쉽게 잊어버린다. 그래서 언론에는 개인 보호 장비 물품이 몇 개나 생산되었는지에 관한 이야기가 나올 뿐, 그 각각의 물품이 N95 등급 마스크인지, 고무장갑 한 짝인지에 대해서는 별로 신경 쓰지 않는다.[13]

굿하트의 법칙을 어느 정도 피해갈 수 있는 방법이 존재한다. 평가 기준을 자주 바꿔주거나 다중의 평가 기준을 이용해서 평가하면 완화할 수 있다. 하지만 그 어떤 측정법도 밑바탕 현실을 온전히 포착할 수는 없을 것이다. 현실이 항상 더 복잡하기 때문이다. 작가 윌 커트는 트위터에서 이렇게 말한 적이 있다. "완벽한 요약 통계를 찾는 것은 책을 읽지 않고도 그 내용을 알 수 있는 책 표지 카피를 찾는 것과 같다."[14]

코로나19 검사 목표를 10만 건으로 잡았을 때도 이런 일이 일어났던 것이다(이것은 결과론적인 이야기가 아니다. 그 발표가 있기 전에 이미 톰은 이것이 '굿하트의 법칙'의 온상이 될 것이라 적은 바 있다). 이것은 자동차 판매원에게 인센티브를 주는 경우처럼 목표를 설정해서 코로나19 검사의 수치를 끌어올려 보려고 한 것이다. 하지만 그렇게 하자 자의적인 특정 목표치에 도달하는 것이 중요해져서 실제로 수행된 검사보다는 '검사 능력'이 중요해져버렸다. 그것이 우편으로 배달만 되고 사용되지 않은 검사나 항체 검사로 나타난 것이다.

문제는 정말로 중요한 것은 정확히 10만 건의 검사가 수행되었는지가 아니라는 점이다. 우리에게 중요한 것은 검사가 필요한 사람이 모두 검사를 받았는지, 그리고 코로나19에 걸렸으니 자가격리가 필요하다는 사실을 사람들에게 신속하게 알려줄 수 있는 빠른 검사 체계를 갖추었느냐 하는 부분이었다.

검사 체계 등 영국의 코로나19 대응이 적절했는지, 그리고 그렇지 못한 경우에는 그 책임이 누구에게 있는지에 관해 조사가 이루어질 것이고, 앞으로 몇 년 동안은 어쩔 수 없이 그에 대한 논란으로 시끄러울 것이다. 하지만 2020년 4월 30일에 검사 건수가 9만 9,999명이었는지, 아니면 10만 1명이었는지 따지는 것은 우스운 일이다. 목표, 평가 기준, 통계 같은 것에 대한 글을 읽을 때는 그것이 우리가 관심을 갖고 있는 대상의 대용물일 뿐, 그 대상 자체가 아니라는 점을 기억하자.

# 결론 및 통계 스타일 가이드

이 책의 저자 중 한 명인 톰 치버스는 벌써 몇 년째 스트레스를 받으면서 기자로 활동해왔고, 다양한 여러 기관에서 일해왔다. 이런 기관들은 모두 '하우스 스타일 house style (회사 고유의 스타일)'이란 것을 갖고 있다. 이것이 글쓰기의 일관성을 지켜준다. 예를 들어 톰이 일을 시작했던 〈데일리 텔레그래프〉의 경우에는 '59%'라고 쓰지 않고 '59퍼센트'라고 적는다(이 책에서도 편집자가 이런 표현을 고집했다). 본문에서 처음 등장하는 이름에 대해서는 풀네임('John Smith')으로 지칭하고, 그 이후로는 성으로만 부르지 않고 존칭('Mr. Smith')으로 지칭한다. 코로나바이러스에 대해 쓸 때는 'COVID-19'라고 하지 않고 'Covid-19'로 표현한다. 항공우주국에 관해 쓸 때는 'NASA'가

아니라 'Nasa'라고 적는다.•

〈텔레그래프〉는 자체적인 스타일 가이드가 있었다. 그곳의 오래된 칼럼니스트 중 한 명인 사이먼 헤퍼는 그 내용을 책으로 옮겼다.[1] 그 책에는 사람과 장소를 지칭하는 방법도 포함되어 있다. 〈텔레그래프〉답게 귀족, 성직자, 군대 구성원을 올바르게 구분하여 지칭하는 부분에 대해서는 대단히 까다로웠다.[2]

톰이 몇 년간 일했던 또 다른 언론사인 〈버즈피드〉도 자체적인 스타일 가이드가 있었다. 여기서는 준남작baronet과 예하monsignor를 올바르게 구분하는 부분은 그리 신경 쓰지 않고 대신 'butt-dial', 'circle jerk', 'douchebag' 같은 단어를 하이픈으로 연결할 것이냐 말 것이냐 혹은 제니퍼 로페즈Jennifer Lopez를 약자로 칭할 때 'J.Lo' 중간에 공백을 넣을 것이냐 말 것이냐를 따지는 데 상당히 공을 들였다.[3] 다른 곳도 모두 자체적인 가이드를 가지고 있으며, 독자와 가장 관련이 많은 부분에 방점을 둔다.

자체적인 스타일 가이드를 책으로 펴내지 않은 소규모 언

---

• 이 마지막 규칙에 관해 관심이 있는 사람들을 위해 덧붙이자면, 일반적으로 영국 언론에서는 후자를 선호하고, 미국 언론에서는 전자를 선호한다. 영국 언론에서는 예를 들어 '씨-오-뷔-아이-디'라고 읽지 않고 '코비드'라고 발음하는 'Covid'의 경우처럼 머리글자 약자를 한 단어로 발음할 때는 첫 번째 글자만 대문자로 표현한다. 하지만 '비-비-씨'라고 발음하는 'BBC'처럼 글자를 글자로 발음하는 경우는 모두 대문자로 표현한다. 무슨 이유인지 이 규칙 때문에 영국의 정당인 영국독립당 UK Independence Party, Ukip의 지지자들은 정말 화를 냈었다.

론사라고 해도 하우스 스타일을 갖고 있다. 예를 들어 미국의 많은 출판사에서는 〈연합통신사 스타일 안내서 Associated Press Style Book〉를 사용한다.

이런 것들 모두 중요하다. 하우스 스타일을 잘 적용하면 글쓰기가 일관되고 명확해진다. 그리고 출판물이 더 전문성이 있다고 느껴지게 된다. 한 곳에서는 'bellend'라고 쓰고, 다른 곳에서는 'bell-end'라고 일관성 없이 쓰면 신뢰하기 어려운 글이 된다.

하지만 스타일 가이드에서도 숫자를 제시하는 방법은 좀처럼 다루지 않는다. 숫자를 쓰는 법에 관해서는 이야기한다. 뉴스에서는 일반적으로 1부터 9까지는 단어로 쓰고(책에서는 보통 99까지) 그보다 큰 수는 숫자로 쓴다(134나 5,299). 그리고 더 큰 수는 1억, 10억 같은 방식으로 쓴다. 하지만 숫자를 신중하고 책임감 있게 사용하는 방법에 관해서는 이야기가 없다. 숫자 자체가 공정하고 정확한 이야기를 전달하도록 만드는 법에 관해서는 침묵하는 셈이다.

이 책도 그냥 스타일 가이드라 생각할 수 있다. 좋은 통계적 관습을 정립하기 위한 일종의 연합통신사 스타일 안내서라고 할 것이다. 부디 언론사에서도 이런 가이드를 따르거나 아니면 그 필요성을 인식하고 자체적으로 그에 관한 책을 좀 펴냈으면 좋겠다. 이 책은 사실 그냥 책이 아니라 통계 문맹을 타파하고 언론의 책임을 강조하기 위한 캠페인의 출발점이다. 기자라면 이 가이드를 적용했으면 좋겠고, 기자가 아닌 사람이라면 우리가 언론사에 이런 가이드나 그와 유사한 가이드를 따르도록 촉구하는 데 힘을 보태주었으면 좋겠다.

기자이든 아니든 이 책에 나온 팁들이 기사나 이야기를 읽을 때 어떤 부분을 경계해야 하는지 일깨워주는 역할을 해줄 것이다.

우리는 이것이 정말 필요한 일이라 생각한다. 뉴스에서 읽는 것들을 전혀 신뢰할 수 없다는 말이 아니다. 대부분의 기자는 진실한 이야기를 쓰기 원하는 올바른 사람들이다. 하지만 톰이 경험한 바에 의하면, 그들은 숫자보다는 말로 먹고사는 사람들이다. 데이터 기자<sup>data journalist</sup>도 존재하지만, 이들은 특수 영역의 전문가일 뿐이다.

대부분의 기자는 과학이나 공학 분야보다는 인문학 전공자들이다. 적어도 우리가 찾아본 데이터상으로는 그랬다. 이것은 비판이 아니다. 톰도 대학에서 철학을 공부했고, 꼭 물리학을 전공하지 않아도 기자가 되는 데 필요한 기본적인 산술능력을 얻을 수 있다. 하지만 기자들은 독자들과 마찬가지로 숫자를 어떻게 표현해야 하는지 생각해볼 기회가 없었다.

짧은 책 한 권만 읽고 통계적 오류를 피하는 법을 모두 알수 있으리라 기대하는 것은 언감생심이다. 우리가 여기서 이야기한 많은 오류는 심오하고 전반적인 문제다. 예를 들어 수단인 측정치가 목표가 되어버리는 굿하트의 법칙을 피하는 것은 정부와 기업이 해결해야 할 아주 큰 문제로 자리 잡았다. 언론뿐만 아니라 과학에서도 새로움에 관한 요구가 고질병처럼 자리 잡고 있는데, 이것 역시 쉽게 해결할 수 있는 문제가 아니다. 충돌 편향이나 심슨의 역설은 과학자라도 잡아내기 힘들다. 이런 것을 제대로 이해하지 못한다고 기자를 비난하는 것은 공평하지 않다.

하지만 우리가 이 책에서 논의한 많은 오류 중 상당 부분은 쉽게 이해할 수 있다. 이런 부분을 생각해보지 않은 사람은 이러한 오류를 피해야 한다는 생각도 해보지 못했을 것이다. 하지만 일단 이런 문제들을 지적하고 나면 대부분이 그것이 왜 문제인지 이해할 수 있다.

더 장황하게 이야기만 늘어놓을 것이 아니라 우리가 제일 중요하게 여기는 것들을 여기서 제안할까 한다. 숫자를 책임감 있게 다루고 싶은 기자들을 위한 통계 스타일 가이드다.

### 1) 숫자의 맥락을 제시하라

스스로 물어보자. 이게 과연 큰 수인가? 영국에서 북해에 매년 600만 톤의 하수를 방류한다고 하면 아주 안 좋은 일처럼 들린다.⁴ 하지만 이게 많은 양일까? 그 분모는 무엇일까? 어떤 수를 알아야 이것이 예상보다 큰 수인지 작은 수인지 이해할 수 있을까? 이런 경우에는 북해에 담긴 물이 54조 톤이라는 것이 참고가 될 것이다. 더 많은 정보는 9장을 참고하라.

### 2) 상대위험뿐 아니라 절대위험도 함께 제시하라

불에 탄 토스트를 먹으면 탈장 위험이 50퍼센트 높아진다고 하면, 아주 걱정스러운 이야기로 들린다. 하지만 탈장이 얼마나 흔하게 일어나는지 함께 알려주지 않으면 이것은 무의미한 이야기다. 독자들에게 절대위험도 알려줘야 한다. 가장 좋은 방법은 사람들이 그 병에 걸릴 예상치를 이용하는 것이다. 예를 들면 이렇게 표현할 수 있다. "평생 탈장을 경험하는 사람은 1만 명당 2명꼴입니다. 규칙적으로 불에 탄 토스트를 먹는 사람의 경우 이것이 1만 명당 3명꼴로 늘어납니다." 그리고 무언가가 '얼마나 빠른 성장을 하고 있는지'에 관해 보도할 때도 주의해야 한다. 예를 들어 한 정당의 당원이 1명에서 2명으로 배가된 것을 두고 영국에서 당세가 가장 빨리 커지는 정당이라고 표현하면 오해를 낳을 수 있다. 더 많은 정보는 11장을 참고하라.

### 3) 보도하려는 연구가 문헌을 대표하고 있는지 확인하라

모든 과학논문이 똑같지는 않다. CERN에서 힉스 보손 Higgs boson을 발견하거나 LIGO에서 중력파를 감지한 경우에는 그 자체로 보도할 만한 가치가 있다. 하지만 레드와인이 몸에 좋다는 새로운 연구에 관해 보도할 때는, 그와 관련된 다른 연구들도 많이 나와 있고, 개개의 연구는 전체적인 그림의 일부에 불과하다는 맥락을 함께 제시해야 한다. 자신이 보도하려는 연구에 참여하지 않은 해당 분야의 다른 전문가와 연락해서 해당 주제에 관해 학계에서 합의된 내용이 무엇인지 물어보는 것도 좋은 생각이다. 더 많은 정보는 14장을 참고하라.

**4) 연구의 표본 크기를 제시하고 표본이 작은 경우는 경계하라**

1만 명이 참가한 백신 실험은 통계적 잡음이나 무작위 오류에 강할 것이다. 반면 15명의 대학생에게 손을 씻으면 죄책감이 덜어지는지 물어본 심리연구는 그런 잡음이나 오류에 훨씬 취약하다. 소규모 연구라고 항상 나쁜 것은 아니지만 잘못된 연구 결과가 나올 가능성이 더 크기 때문에 이런 연구를 보도할 때는 경계해야 한다. 좀 자의적인 기준이지만, 연구의 참여자 수가 100명 미만인 경우는 주의하는 것이 좋다. 규모가 작은 연구라도 대단히 탄탄할 수 있다. 이것이 절대불변의 규칙은 아니다. 하지만 다른 조건이 동일한 경우라면 연구 규모가 클수록 좋다. 그와 관련해서 설문조사와 여론조사는 표본이 편향된 경우가 종종 있다. 이런 부분도 알고 있어야 한다. 더 많은 정보는 3장을 참고하라.

**5) p-해킹이나 출판 편향같이 과학자들의 골치를 썩이는 문제들을 인지하자**

기자가 모든 분야에서 전문가가 될 수는 없다. 따라서 과학자 자신도 놓칠 때가 종종 있는 과학의 문제점을 놓쳤다고 그들을 비난하기는 힘들다. 하지만 경고 신호가 존재한다. 예를 들어 연구가 예비 등록preregistered되어 있거나, 등록 보고Registered Report가 아닌 경우에는 과학자가 일단 데이터를 모은 후에 논문으로 발표할 수 있는 내용을 찾아내려고 데이터를 뒤지는 경우가 생길 수 있다. 아니면 과학자의 서랍장 어딘가에서 수

백 편의 연구가 출판되지 않고 잠들어 있을 수도 있다. 그리고 해당 분야의 나머지 연구에서 예상되는 것과 달리 깜짝 놀랄 결과가 나왔다면 그것이 진실이 아닐 수도 있다. 가끔은 과학이 사람들을 놀라게 만들기도 하지만 굉장히 놀라운 경우는 드물다. 더 많은 정보는 5장과 15장을 참고하라.

## 6) 달랑 숫자 하나로 예보하지 말라. 신뢰 구간을 함께 제시하고 그에 대해 설명하라

예산책임청 모형에서 다음 해 경제가 2.4퍼센트 성장할 거라 말했다고 보도하면 정확하고 과학적인 이야기로 들린다. 하지만 그 95퍼센트 불확실성 구간이 -1.1퍼센트에서 5.9퍼센트 사이라는 것을 언급하지 않으면 실제와 달리 아주 정확한 예측인 것처럼 보이게 된다. 우리는 미래가 확실하기를 바라지만 미래는 불확실하다. 예측이 어떤 과정을 거쳐서 나오는지, 그리고 그것이 왜 불확실한지 설명하자. 더 많은 정보는 17, 18장을 참고하라.

## 7) 무언가가 다른 무언가를 일으켰다고 말하거나 암시할 때는 주의하자

두 가지 현상 사이에서 상관관계를 찾아내는 연구들이 많다. 예를 들면 탄산음료 섭취와 폭력성 사이의 상관관계, 전자담배 흡연과 대마초 흡연 사이의 상관관계 등이다. 하지만 두 가지 현상이 상관관계가 있다고 해서 한쪽이 다른 한쪽을 초래했다는 의미는 아니다. 무언가 다른 일이 벌어지고 있는 것일 수도 있다. 무작위 실험 연구가 아닌 경우는 인과관계를 보여주기가 훨씬 어려워진다. 연구에서 분명히 인과관계를 보여주지 않은 경우라면 '비디오 게임이 폭력성을 초래한다'라거나 '유튜브가 극단주의를 초래한다'라는 말을 함부로 해서는 안 된다. 더 많은 정보는 8장을 참고하라.

## 8) 체리피킹과 무작위 변동을 경계하라

무언가가 2010년부터 2018년 사이에 50퍼센트 증가했다고 나오면, 그래프의 시작점을 2008년이나 2006년으로 잡아도 그 증가분이 극적으로 보이는지 확인해보자. 수치가 종종 튀는 경우가 생기기 때문에 우연히 수치가 낮게 나온 시기를 선택하면 무작위 변동이 마치 충격적인 이야기가 전개되고 있는 것처럼 보이게 만들 수 있다. 살인이나 자살처럼 상대적으로 희귀한 사건인 경우는 특히나 그렇다. 더 많은 정보는 16장을 참고하라.

## 9) 순위 매기기를 조심하라

영국의 경제가 세계 5위에서 7위로 추락했다고? 한 대학의 전 세계 순위가 48위라고? 이것이 무슨 의미일까? 그 밑에 깔려 있는 수치에 따라 이것은 중요한 문제가 될 수도, 시시한 문제가 될 수도 있다. 예를 들어 덴마크가 인구 100만 명당 1,000대의 공공 세동제거기 defibrillator(심장박동을 정상화하기 위해 전기 충격을 가하는 의료장비 - 옮긴이)를 보유해 세계 1위를 차지하고, 영국이 968대로 17위를 차지했다면 이것은 그리 큰 차이가 아니다. 특히 아예 공공 세동제거기가 없는 국가와 비교하면 더욱 그렇다. 이 경우 17위를 차지했다는 것은 영국 보건 당국이 공공장소에서의 응급의료장비 설치를 차갑게 무시했다는 의미일까? 아마도 아닐 것이다. 순위를 제시할 때는 그 순위 밑에 깔려 있는 수치를 함께 제시하고, 어떻게 그런 순위가 나왔는지 설명해주어야 한다. 더 많은 정보는 13장을 참고하라.

### 10) 항상 출처를 제시하라

이것은 핵심적인 부분이다. 과학논문이 올라온 학술지, 영국 통계청 회보, 유고브 여론조사 등 숫자를 어디에서 가져온 것인지 확인할 수 있는 링크나 주석을 달아놓자. 이런 정보를 제공하지 않으면 사람들이 그런 숫자를 직접 확인해보기가 무척 힘들어진다.

### 11) 잘못 이야기한 부분이 있으면 솔직히 인정하자

정말 중요한 부분이 있다. 자기가 실수를 했는데 누가 그 부분을 지적하면, 걱정할 필요 없다. 그런 일은 항상 일어난다. 지적해주어 고맙다고 솔직히 인정하고 다음부터 잘하면 된다.

학자도 힘을 보탤 수 있는 부분이 있다. 언론과 마찬가지로 학자들도 혼자의 힘으로 출판 편향, 새로움에 관한 요구 같은 과학계의 구조적 문제를 모두 고칠 수는 없다(그래도 예비 등록이나 등록 보고 이용을 원칙으로 한다면 더할 나위 없이 좋다!). 하지만 자신의 연구를 보도자료로 내보낼 때, 그 자료가 연구 내용을 정확하게 설명하고 있는지 확인할 수는 있다. 연구에서 무언가가 입증되지 않았다면 명확하게 그것을 밝히는 것이 좋다. 예를 들어 연구에서 십자말풀이를 하는 사람은 알츠하이머병에 덜 걸리는 것으로 나왔지만, 그것과 관련된 인과관계가 밝혀지지 않았을 때는 보도자료에도 이렇게 적는 것이 좋다. "십자말풀이가 알츠하이머병으로부터 당신을 보호해준다는 의미는 아니다." 희망적인 이야기가 있다. 카디프대학교의 과학연구진이 2019년에 진행한 연구에서 보도자료에 이런 종류의 경고 문항disclaimer을 포함했더니 그 연구에 관한 언론의 논평기사에서 오보의 양이 줄어들었다. 하지만 논평 기사의 수는 줄어들지 않았다.[6] 기자들이 이 연구에 관해 기사를 낼 확률은 동일했지만, 그 연구 결과의 함축적 의미를 잘못 이해할 확률은 줄어들었다.

물론 이 책을 읽는 독자들은 대부분 기자나 학자가 아니라 평범한 일반인일 것이다. 일반인 독자들도 이런 노력에 함께 힘을 실어준다면 정말 좋을 것이다.

이런 변화를 이끌어내기 위한 노력은 투표제도 개혁과 조금 비슷한 면이 있다. 집권당에 유리하게 만들어진 투표제도를 새로운 투표제도로 바꾸려면 일단 옛날 투표제도 아래서 승리를 거두어야 한다. 그런데 옛날 투표제도로 정당이 승리를 거두고 나면 그 제도를 굳이 바꾸어야 할 동기가 약해진다. 자신이 권력을 장악하고 있기 때문이다.

그와 유사하게 많은 학자와 기자도 숫자를 제시하는 방식에 문제가 있다는 점을 알고 있다. 공개적으로 그 부분을 인정하는 사람도 많다. 하지만 일단 이들이 권력이 큰 자리에 오르고 나면, 즉 교수가 되거나 선임 기자가 되고 나면, 그 시스템 안에서 그 자리에 오른 것이기 때문에 그 시스템을 바꾸려는 동기가 약해진다.

하지만 독자들이 더 나은 시스템을 요구하기 시작하고, 신문의 독자 게시판 같은 곳에 "왜 절대위험의 수치는 제시하지 않은 거죠?", "이 숫자는 체리피킹한 거 아닌가요?"라는 글을 올리기 시작하면 동기가 변화할 수 있다. 뉴스를 눈여겨보다가 우리가 여기서 설명한 것처럼 언론이 실수를 한 것이 보일 때 그 점을 정중하게 지적해준다면, 한 걸음씩 한 걸음씩 시스템을 개선하는 데 도움을 줄 수 있다.

이런 취지에 동의하는 사람들을 위해 자체적으로 웹사이트(howtoreadnumbers.com)를 만들어 캠페인을 시작했다. 이 캠페인이 모든 사람의 통계 실력을 끌어올려줄 수 있기를 기원해본다.

# 감사의 말

이 책을 쓰는 데 도움을 준 많은 분께 감사드린다. 고마움을 전하고 싶은 분들을 순서 없이 소개한다.

이 아이디어에 흥미를 느끼고, 막연한 생각을 실제로 판매가 가능한 대상으로 바꿀 수 있게 도와준 에이전트 윌 프랜시스 Will Francis 와 편집자 제니 로드 Jenny Lord 에게 감사드린다.

톰의 여동생 사라 치버스 Sarah Chivers 에게 감사드린다. 그래픽 디자이너를 하는 덕분에 이 책의 아름다운 그림들을 그려주었다.

피트 에첼스 Pete Etchells, 스튜어트 리치 Stuart Ritchie, 스티안 웨스트레이크 Stian Westlake, 마이크 스토리 Mike Story, 잭 베이커 Jack Baker, 홀거 비제 Holger Wiese 그리고 '경제학 잊어버리

기 Unlearning Economics'라고 불리는 누군가에게 감사드린다. 이들
은 사례, 아이디어를 제공해주고 원고의 교정을 봐주었다.

데이비드의 아버지 스티븐 Stephen 에게 감사드린다. 그는
3장에서 확률을 이해하기 위해 고생했던 조 윅스의 사례를 제
공해주었다(스티븐은 봉쇄령 기간 동안 '조와 함께 하는 체육활동'을
빠짐없이 함께했다). 그리고 교정을 보아준 톰의 아버지 앤디 Andy
에게도 감사드린다.

아주 가끔씩만 울음을 터트려 톰의 정신을 산만하게 만든
톰의 자녀 에이다 Ada 와 빌리 Billy 에게도 감사드린다.

그리고 물론 우리 두 사람의 아내 엠마 치버스 Emma Chivers
와 수잰 브라운 Susanne Braun 에게도 감사드린다.

그리고 오픈대학교의 응용통계학과 케빈 맥콘웨이 Kevin
McConway 명예교수님에게도 특별히 감사의 마음을 전하고 싶
다. 교수님은 우리 책 전체를 읽으며 여러 오류를 지적하고, 끈
기 있게 그 오류들을 수정해주셨다. 그분의 초인적인 노력에도
불구하고 분명 오류가 남아 있을 것이다. 하지만 그것은 우리
의 잘못이지 그분의 잘못이 아니다. 깊은 감사의 마음을 담아
그분께 고개를 숙이고 싶다. 케빈 교수님 만세!

# 옮긴이의 말

이해할 수는 없으나 믿는 존재는 무엇일까? 신의 정의인가? 과장을 보태면 현대인에게는 숫자가 신과 같은 존재가 아닐까 싶다. 숫자의 시대다. 일단 현대기술부터 수학에 뿌리를 내리고 있다. 현대 문명은 수학이라는 토대 위에 세워졌다고 해도 과언이 아니다. 하지만 주변을 보면 수학이 좋다는 사람은 찾아보기 힘들다. 숫자는 골치 아픈 대상이다. 그렇다면 넘쳐나는 이 숫자를 대체 누가 다 생산하고 관리하고 있을까? 어쩌면 지금의 이 세상은 숫자의 생산자와 유통자들이 지배하고 있는 것인지도 모른다. 사람들은 숫자를 잘 이해하지 못하지만 숫자를 믿는다.

온갖 허위 정보가 난무하는 이 세상에서 사람들은 증거를 요구한다. 물리학의 세계처럼 인과관계가 확실히 밝혀진 문제라면 그 메커니즘을 통해 증거를 제시할 수 있겠지만, 너무도 많은 변수가 작용하고 있는 복잡한 사회 현상에서 인과관계가 분명한 영역은 솔직히 별로 없다. 그래서 인과관계가 분명하지 않은 영역에서는 통계를 통해 세상을 이해한다.

통계는 수치를 제시한다. 숫자는 주관에 의해 흔들리지 않는 객관적 존재라는 이미지가 있다. 그래서 수치로 제시된 증거는 쉽게 믿는 경향도 있다. 하지만 통계의 본질은 추상화다. 구체적인 정보를 포기하고 골자만 남기는 과정이다. 포기라고 하니 부정적인 의미 같지만 사실 그렇지 않다. 우리가 모래시계를 통해 얻는 정보는 무엇일까? 모래시계를 뒤집었을 때 나타나는 행동을 완벽한 정보로 표현하려면 떨어지는 모래 알갱이 하나하나가 어느 방향으로 떨어지는지까지 완벽하게 담아내야 한다. 그럼 실로 막대한 양의 정보가 필요하다. 하지만 그런 정보는 사실상 쓸모도 없고 무의미하다. 우리에게 필요한 정보는 그 모래가 다 떨어지는 데까지 걸리는 시간이다. 유용한 정보를 얻으려면 필연적으로 추상화 과정을 거쳐야 한다. 문제는 이 추상화 과정에서 날것 그대로의 정보에서 무엇을 포기하고 무엇을 살려서 핵심만 추려낼 것인지 결정할 때 인간의 가치 판단이 개입한다는 점이다. 이 부분이 통계의 맹점이다. 애초에 인간의 뇌가 감각기관을 통해 받아들이는 정보를 처리할 때부터 무의식적인 편집과 개입이 일어나기 때문에 이 점이 새삼스럽지는 않다.

통계의 맹점은 부지불식간에 끼어들기도 하고, 의도적으로 그런 맹점을 노리고 들어오는 때도 있다. 맹점을 이용하면 통계를 입맛에 따라 조작해서 거짓말 없는 거짓말이 가능하다. 선별적 진실은 거짓이 된다. 하지만 전 세계 대다수의 사람이 수포자(수학포기자)인 상황에서 정보 소비자가 이런 맹점까지 파악하기는 쉽지 않다. 하얀 천에 얼룩이 지기는 쉽지만, 다시 깨끗이 빨기는 어려운 것처럼 거짓 정보에 한번 노출되고 고정관념이 생기면 그것을 되돌리기는 너무 힘들다. 결국 이런 정보를 왜곡 없이 최대한 객관적으로 정보 소비자에게 전달하는 책임이 언론에 있다.

하지만 안타깝게도 언론의 손과 발인 기자들은 대부분 글을 다루는 사람이지, 숫자를 다루는 사람이 아니다 보니 이런 역할을 그들에게만 기대할 수도 없다. 결국 정보의 생산자와 소비자 모두의 몫이다. 그런 시점에서 통계학의 기본적 소양을 갖추는 데 큰 도움이 될 이 책이 나와 정말 반갑다. 이 책은 숫자를 건강하게 의심할 수 있는 힘을 길러줄 것이다. 통계를 읽는 힘을 원하지만 그렇다고 통계 전문가가 될 생각은 없는 사람들에게는 더할 나위 없이 좋은 책이다. 특히 이 책의 전체적인 내용을 정리하는 '통계 스타일 가이드'는 정확하고 올바른 통계 정보를 전하려는 언론과 독자들 모두에게 큰 도움이 될 것이다.

# 주

## 1장 숫자는 어떻게 본질을 호도하는가

1.  Nick McDermott, 'Coronavirus still infecting 20,000 people a day as spike in care home cases sends R rate up again to 0.9, experts warn', the *Sun*, 2020 https://www.thesun.co.uk/ news/11575270/coronavirus-carehome-cases-spike/

2.  Sam Blanchard, 'Care home "epidemic" means coronavirus is STILL infecting 20,000 people a day in Britain amid fears the virus's R rate may have gone back UP to 0.9', *Mail Online*, 2020 https://www.dailymail.co.uk/news/article-8297425/ Coronavirus-infecting-20-000-people-day-Britainwarns-leading-expert.html

3.  Selvitella, A., 'The ubiquity of the Simpson's Paradox', *Journal of Statistical Distributions and Applications*, 4(2) (2017) https://doi. org/10.1186/ s40488-017-0056-5

4.  Simpson, Edward H., 'The interpretation of interaction in contingency tables', *Journal of the Royal Statistical Society*, Series B 13 (1951), pp. 238–41.

5.  Persoskie, A. and Leyva, B., 'Blacks smoke less (and more) than whites: Simpson's Paradox in U.S. smoking rates, 2008 to 2012', *Journal of Health Care for the Poor and Underserved*, 26(3) (2015), pp. 951–6 doi:10.1353/hpu.2015.0085

## 2장 일화적 증거

1.  Isabella Nikolic, 'Terminally-ill British mother, 40, who kept her lung cancer secret from her young daughter shocks medics after tumour shrinks by 75% following alternative treatment in Mexico', *Mail Online*, 2019 https://www.dailymail.co.uk/ news/article-6842297/Terminally-ill-British-mother-40-shocks-

medics-tumour-shrinks-75.html

2. Jasmine Kazlauskas, 'Terminally ill mum who hid cancer claims tumour shrunk 75% after "alternative care"', *Daily Mirror*, 2019 https://www.mirror.co.uk/news/uk-news/terminally-ill-mum-who-hid-14178690

3. Jane Lavender, 'I've cured my chronic back pain with £19 patch – but NHS won't prescribe it', *Daily Mirror*, 2019 https://www.mirror.co.uk/news/uk-news/ive-cured-chronic-back-pain-14985643

4. Hoy, D., March, L., Brooks, P., Blyth, F. et al., 'The global burden of low back pain: estimates from the Global Burden of Disease 2010 study', *Annals of the Rheumatic Diseases*, 73 (2014), pp. 968–74 https://ard.bmj.com/content/73/6/968.abstract?sid=72849399-2667-40d1-ad63-926cf0d28c35

5. BioElectronics Corporation Clinical Evidence http://www.bielcorp.com/Clinical-Evidence/

6. Andrade, R., Duarte, H., Pereira, R., Lopes, I., Pereira, H., Rocha, R. and Espregueira-Mendes, J., 'Pulsed electromagnetic field therapy effectiveness in low back pain: A systematic review of randomized controlled trials', *Porto Biomedical Journal*, 1(5) (November 2016), pp. 156–63 doi:10.1016/j. pbj.2016.09.001

7. Letter K192234, US Food & Drug Administration, 2020 https://www.accessdata.fda.gov/cdrh_docs/pdf19/K192234.pdf

8. Stephen Matthews, 'Remarkable transformation of six psoriasis patients who doctors say have been treated with homeopathy – including one who took a remedy derived from the discharge of a man', *Mail Online*, 2019 https://www.dailymail.co.uk/health/article-7213993/Six-patientsreportedly-cured-psoriasis-starting-homeopathy.html

### 3장 표본 크기

1. Ian Sample, 'Strong language: swearing makes you stronger, psychologists confirm', the *Guardian*, 2017 https://www.theguardian.com/science/2017/may/05/strong-language-swearing-makes-you-strongerpsychologists-confirm

2. Stephens, R., Spierer, D. K. and Katehis, E., 'Effect of swearing on strength and power performance', *Psychology of Sport and Exercise*, 35 (2018), pp. 111–17 https://doi.org/10.1016/j.psychsport.2017.11.014

3. PE with Joe, 2020 https://www.youtube.com/watch?v=H5Gmlq4Zdns

4. Gautret, P., Lagier, J.-C., Parola, P., Hoang, V. T. et al., 'Hydroxychloroquine and azithromycin as a treatment of COVID-19: Results of an open-label non-randomized clinical trial', *International Journal of Antimicrobial Agents*, 56(1) (2020) doi:10.1016/j.ijantimicag.2020.105949

5. Donald J. Trump, @realdonaldtrump, 2020 https://twitter.com/realDonaldTrump/status/1241367239900778501

## 4장 편향된 표본

1. 'BRITS LIKE IT CHEESY: Cheese on toast has been voted the nation's favourite snack', the *Sun*, 2020 https://www.thesun.co.uk/news/11495372/brits-vote-cheese-toast-best-snack/

2. Bridie Pearson-Jones, 'Cheese on toast beats crisps and bacon butties to be named the UK's favourite lockdown snack as people turn to comfort food to ease their anxiety', *Mail Online*, 2020 https://www.dailymail.co.uk/femail/food/article-8260421/Cheese-toast-Britains-favourite-lockdownsnack.html

3. 'How do you compare to the average Brit in lockdown?', Raisin.co.uk, 2020 https://www.raisin.co.uk/newsroom/articles/britain-lock-down/

4. Greg Herriett, 20 November 2019, Twitter https://twitter.com/greg_herriett/status/1197115377739845633

5. Sloan, L., 'Who Tweets in the United Kingdom? Profiling the Twitter population using the British Social Attitudes Survey 2015', *Social Media + Society*, 3(1) (2017) https://doi.org/10.1177/2056305117698981

6. Ofcom media literacy tracker 2018 https://journals.sagepub.com/doi/10.1177/2056305117698981

7. Tversky, A. and Kahneman, D., 'The behavioral foundations of economic theory', *The Journal of Business*, 59(4) (October 1986), Part 2, pp.S251–S278.

## 5장 통계적 유의성

1. Helena Horton, 'Men eat more food when they are trying to impress women, study finds', the *Daily Telegraph*, 2015 https://www.telegraph.co.uk/news/science/12010316/men-eat-more-food-when-they-are-trying-toimpress-women.html

2. Lisa Rapaport, 'Men may eat more when women are watching', *Reuters*, 2015 https://www.reuters.com/article/us-health-psychologymen-overeating/men-may-eat-more-when-women-are-watchingidUSKBN0TF23120151126

3. 'Men eat more in the company of women', 2015, *Economic Times* https://economictimes.indiatimes.com/magazines/panache/men-eat-morein-the-company-of-women/articleshow/49830582.cms

4. Kniffin, K. M., Sigirci, O. and Wansink, B., 'Eating heavily: Men eat more in the company of women', *Evolutionary Psychological Science*, 2 (2016), pp.38–46 https://doi.org/10.1007/s40806-015-0035-3

5. Cassidy, S. A., Dimova, R., Giguère, B., Spence, J. R. and Stanley, D. J., 'Failing grade: 89% of introduction-to-psychology textbooks that define or explain statistical significance do so incorrectly', *Advances in Methods and Practices in Psychological Science*, 2(3) (2019), pp. 233–9 https://doi.org/10.1177/2515245919858072

6. Haller, H. and Kraus, S., 'Misinterpretations of significance: A problem students share with their teachers?', *Methods of Psychological Research*, 7(1) (2002), pp. 1–20.

7. Cassidy et al., 2019.

8. Brian Wansink, 'The grad student who never said "No"', 2016, archived at https://web.archive.org/web/20170312041524/http:/www.brianwansink.com/phd-advice/the-grad-student-who-never-said-no

9. Stephanie M. Lee, 'Here's how Cornell scientist Brian Wansink

turned shoddy data into viral studies about how we eat', *BuzzFeed News*, 2018https://www.buzzfeednews.com/article/stephaniemlee/brian-wansinkcornell-p-hacking

10. Ibid.

## 6장 효과크기

1. Jean Twenge, 'Have smartphones destroyed a generation?', *The Atlantic*, 2017 https://www.theatlantic.com/magazine/archive/2017/09/has-thesmartphone-destroyed-a-generation/534198/

2. Dr Leonard Sax, 'How social media may harm boys and girls differently', *Psychology Today*, 2020 https://www.psychologytoday.com/us/blog/saxsex/202005/how-social-media-harms-boys-and-girls-differently

3. Orben, A. and Przybylski, A., 'The association between adolescent wellbeing and digital technology use', *Nature Human Behaviour*, 3(2) (2019) doi:10.1038/s41562-018-0506-1

4. Damon Beres, 'Reading on a screen before bed might be killing you', *Huffington Post*, 23 December 2014 https://www.huffingtonpost.co.uk/entry/reading-before-bed_n_6372828

5. Chang, A. M., Aeschbach, D., Duff y, J. F. and Czeisler, C. A., 'Evening use of light-emitting eReaders negatively affects sleep, circadian timing, and next-morning alertness', *Proceedings of the National Academy of Sciences of the United States of America*, 112(4) (2015), pp. 1232–7 doi:10.1073/pnas.1418490112

6. Przybylski, A. K., 'Digital screen time and pediatric sleep: Evidence from a preregistered cohort study', *The Journal of Pediatrics*, 205 (2018), pp. 218–23.e1

## 7장 교란변수

1. Arman Azad, 'Vaping linked to marijuana use in young people, research says', *CNN*, 2019 https://edition.cnn.com/2019/08/12/health/e-cigarettemarijuana-young-people-study/index.html

2. Chadi, N., Schroeder, R., Jensen, J. W. and Levy, S., 'Association

between electronic cigarette use and marijuana use among adolescents and young adults: A systematic review and meta-analysis', *JAMA Pediatrics*, 173(10) (2019), e192574 doi:10.1001/jamapediatrics.2019.2574

3.  Hannah Ritchie and Max Roser, 'CO$_2$ and greenhouse gas emissions', *Our World in Data* https://ourworldindata.org/co2-and-other-greenhousegas-emissions#per-capita-co2-emissions; Hannah Ritchie and Max Roser, 'Obesity', Our World in Data https://ourworldindata.org/obesity

4.  Camenga, D. R., Kong, G., Cavallo, D. A., Liss, A. et al., 'Alternate tobacco product and drug use among adolescents who use electronic cigarettes, cigarettes only, and never smokers', *Journal of Adolescent Health*, 55(4) (2014), pp. 588–91 doi:10.1016/j.jadohealth.2014. 06.016

5.  van den Bos, W. and Hertwig, R., 'Adolescents display distinctive tolerance to ambiguity and to uncertainty during risky decision making', *Scientific Reports* 7, 40962 (2017) https://doi.org/10.1038/srep40962

6.  Zuckerman, M., Eysenck, S. and Eysenck, H. J., 'Sensation seeking in England and America: cross-cultural, age, and sex comparisons', *Journal of Consulting and Clinical Psychology*, 46(1) (1978), pp. 139–49 doi:10.1037//0022-006x.46.1.139

7.  Dai, H., Catley, D., Richter, K. P., Goggin., K and Ellerbeck, E. F., 'Electronic cigarettes and future marijuana use: A longitudinal study', *Pediatrics*, 141(5) (2018), e20173787 doi:10.1542/peds.2017-3787

8.  Sutfin, E. L., McCoy, T. P., Morrell, H. E. R., Hoeppner, B. B. and Wolfson, M., 'Electronic cigarette use by college students', *Drug Alcohol Depend*, 131(3) (2013), pp. 214–21 doi:10.1016/j.drugalcdep.2013.05.001

## 8장 인과관계

1.  'Fizzy drinks make teenagers violent', the *Daily Telegraph*, 2011 https://www.telegraph.co.uk/news/health/news/8845778/Fizzy-drinks-maketeenagers-violent.html

2. 'Fizzy drinks make teenagers more violent, say researchers', *The Times*, 2011 https://www.thetimes.co.uk/article/fi zzy-drinks-make-teenagersmore-violent-say-researchers-7d266cfz65x

3. Solnick, S. J. and Hemenway, D., 'The "Twinkie Defense": The relationship between carbonated non-diet soft drinks and violence perpetration among Boston high school students', *Injury Prevention*, 18(4) (2012), pp. 259–63.

4. Angrist, J. D., 'Lifetime earnings and the Vietnam era draft lottery: Evidence from Social Security administrative records', *The American Economic Review*, 80(3) (1990), pp. 313–36 www.jstor.org/stable/2006669

5. Haneef, R., Lazarus, C., Ravaud, P., Yavchitz, A. and Boutron, I. 'Interpretation of results of studies evaluating an intervention highlighted in Google health news: A cross-sectional study of news', *PLOS One*, 16(10) (2015), e0140889

6. Miguel, E., Satyanath, S. and Sergenti, E., 'Economic shocks and civil conflict: An instrumental variables approach', *Journal of Political Economy*, 112 (4) (2004), pp. 725–53 www.jstor.org/stable/10.1086/421174

7. Jed Friedman, 'Economy, conflict, and rain revisited', World Bank Blogs, 21 March 2012

8. Antonakis, J., Bendahan, S., Jacquart, P. and Lalive, R., 'On making causal claims: A review and recommendations', *The Leadership Quarterly*, 21 (2010), pp. 1086–1120 10.1016/j.leaqua.2010.10.010.

## 9장 이것이 큰 수인가

1. '£350 million EU claim "a clear misuse of official statistics"', *Full Fact*, 2017 https://fullfact.org/europe/350-million-week-boris-johnson-statisticsauthority-misuse/

2. Sir David Norgrove, letter to Boris Johnson, 17 September 2017 https://uksa.statisticsauthority.gov.uk/wp-content/uploads/2017/09/Letter-from-Sir-David-Norgrove-to-Foreign-Secretary.pdf

3. TFL Travel in London Report 11, 2018 http://content.tfl.gov.

uk/travel-inlondon-report-11.pdf

4. Rojas-Rueda, D., de Nazelle, A., Tainio, M. and Nieuwenhuijsen, M. J., 'The health risks and benefits of cycling in urban environments compared with car use: Health impact assessment study', *British Medical Journal*, 343 (2011), d4521–d4521.

5. Kaisha Langton, 'Deaths in police custody UK: How many people die in police custody? A breakdown', *Daily Express*, 2020 https://www.express.co.uk/news/uk/1292938/deaths-in-police-custody-uk-how-many-peopledie-in-police-custody-UK-black-lives-matter

6. 'Police powers and procedures, England and Wales', year ending 31 March 2019, 24 October 2019 https://www.gov.uk/government/collections/police-powers-and-procedures-england-and-wales

7. Arturo Garcia and Bethania Palma, 'Have undocumented immigrants killed 63,000 American citizens since 9/11?', *Snopes*, 22 June 2018 https://www.snopes.com/fact-check/have-undocumented-killed-63000-us-9-11/

8. 'Crime in the US 2016', FBI, 25 September 2017 https://ucr.fbi.gov/crimein-the-u.s/2016/crime-in-the-u.s.-2016/

9. Budget 2020 https://assets.publishing.service.gov.uk/government/uploads/system/uploads/attachment_data/file/871799/Budget_2020_Web_Accessible_Complete.pdf

## 10장 베이즈 정리

1. Zoe Zaczek, 'Controversial idea to give "immunity passports" to Australians who have recovered from coronavirus – making them exempt from tough social distancing laws', *Daily Mail Australia*, 2020 https://www.dailymail.co.uk/news/article-8205049/Controversial-idea-introduce-COVID-19-immunity-passports-avoid-long-term-Australian-lockdown.html

2. Kate Proctor, Ian Sample and Philip Oltermann, '"Immunity passports" could speed up return to work after Covid-19', *the Guardian*, 2020 https://www.theguardian.com/world/2020/mar/30/immunity-passports-couldspeed-up-return-to-work-aft

er-covid-19

3. James X. Li, FDA, 1 April 2020 https://www.fda.gov/media/136622/download

4. Nelson, H. D., Pappas, M., Cantor, A., Griffin, J., Daeges, M. and Humphrey, L., 'Harms of breast cancer screening: Systematic review to update the 2009 U.S. Preventive Services Task Force Recommendation', *Annals of Internal Medicine*, 164(4) (2016), pp. 256–67 doi:10.7326/M15-0970 (published correction appears in *Annals of Internal Medicine*, 169(10) (2018), p. 740)

5. Brawer, M. K., Chetner, M. P., Beatie, J., Buchner, D. M., Vessella, R. L. and Lange, P. H., 'Screening for prostatic carcinoma with prostate specific antigen', *Journal of Urology*, 147(3) (1992), Part 2, pp. 841–5 doi:10.1016/s0022-5347(17)37401-3

6. Navarrete, G., Correia, R., Sirota, M., Juanchich, M. and Huepe, D., 'Doctor, what does my positive test mean? From Bayesian textbook tasks to personalized risk communication', *Frontiers in Psychology*, 17 September 2015 doi:10.3389/fpsyg.2015.01327

7. Jowett, C., 'Lies, damned lies, and DNA statistics: DNA match testing, Bayes' theorem, and the Criminal Courts', *Medicine, Science and the Law*, 41(3) (2001), pp. 194–205 doi:10.1177/002580240104100302

8. *The Times* Law Reports, 12 January 1994.

9. Hill, R., 'Multiple sudden infant deaths – coincidence or beyond coincidence?', *Paediatric and Perinatal Epidemiology*, 18(5) (2004), pp.320–26 doi:10.1111/j.1365-3016.2004.00560.x

10. Anderson, B. L., Williams, S. and Schulkin, J., 'Statistical literacy of obstetrics-gynecology residents', *Journal of Graduate Medical Education*, 5(2) (2013), pp. 272–5 doi:10.4300/JGME-D-12-00161.1

## 11장 절대위험과 상대위험

1. Sarah Knapton, 'Health risk to babies of men over 45, major study warns', *the Daily Telegraph*, 2018 https://www.telegraph.co.uk/science/2018/10/31/older-fathers-put-health-child-

partner-risk-delaying-parenthood/

2. Khandwala, Y. S., Baker, V. L., Shaw, G. M., Stevenson, D. K., Faber, H. K., Lu, Y. and Eisenberg, M. L., 'Association of paternal age with perinatal outcomes between 2007 and 2016 in the United States: Population based cohort study', *British Medical Journal*, 363 (2018), k4372.

3. Sarah Boseley, 'Even moderate intake of red meat raises cancer risk, study finds', the *Guardian*, 2019 https://www.theguardian.com/society/2019/apr/17/even-moderate-intake-of-red-meat-raises-cancer-risk-study-finds

**12장 측정대상이 바뀌었는가**

1. Ben Quinn, 'Hate crimes double in five years in England and Wales', *the Guardian*, 2019 https://www.theguardian.com/society/2019/oct/15/hate-crimes-double-england-wales

2. Hate Crime statistical bulletin, England and Wales 2018/19, Home Office, 2019 https://assets.publishing.service.gov.uk/government/uploads/system/uploads/attachment_data/file/839172/hate-crime-1819-hosb2419.pdf

3. Nancy Kelley, Dr Omar Khan and Sarah Sharrock, 'Racial prejudice in Britain today', NatCen, September 2017 http://natcen.ac.uk/media/1488132/racial-prejudice-report_v4.pdf

4. Ibid.

5. 'Data & statistics on autism spectrum disorder', US Centers for Disease Control and Prevention https://www.cdc.gov/ncbddd/autism/data.html

6. Lotter, V., 'Epidemiology of autistic conditions in young children', *Social Psychiatry*, 1(3) (1966), pp. 124–35.

7. Treffert, D. A., 'Epidemiology of infantile autism', *Archives of General Psychiatry*, 22(5) (1970), pp. 431–8.

8. Kanner, L., 'Autistic disturbances of affective contact', *Nervous Child*, 2(1943), pp. 217–50.

9. This explanation is largely taken from Lina Zeldovich, 'The evolution of "autism" as a diagnosis, explained', *Spectrum News*,

9 May 2018 https://www.spectrumnews.org/news/evolution-autism-diagnosis-explained/

10. Volkmar, F. R., Cohen, D. J. and Paul, R., 'An evaluation of DSM-III criteria for infantile autism', *Journal of the American Academy of Child & Adolescent Psychiatry*, 25(2) (1986), pp. 190–97 doi:10.1016/s0002-7138(09)60226-0

11. 'Crime in England and Wales: Appendix tables', ONS, year ending December 2019 https://www.ons.gov.uk/peoplepopulationandcommunity/crimeandjustice/datasets/crimeinenglandandwalesappendixtables

12. The Law Reports (Appeal Cases), *R* v *R* (1991) UKHL 12 (23 October 1991) http://www.bailii.org/uk/cases/UKHL/1991/12.html

13. 'Sexual off ending: Crime Survey for England and Wales appendix tables', ONS, 13 December 2018 https://www.ons.gov.uk/peoplepopulationandcommunity/crimeandjustice/datasets/sexualoff endingcrimesurveyforenglandandwalesappendixtables

14. 'United States: Weekly and biweekly deaths: where are confirmed deaths increasing or falling?', *Our World in Data*, 30 June 2020 update https://ourworldindata.org/coronavirus/country/unitedstates? country=~USA#weekly-and-biweekly-deaths-where-are-confirmeddeaths-increasing-or-falling

15. House of Commons Library Briefing Paper Number 8537, 2019, Hate Crime Statistics https://commonslibrary.parliament.uk/research-briefings/cbp-8537/

## 13장 순위 매기기

1. Sean Coughlan, 'Pisa tests: UK rises in international school rankings', *BBC News*, 2019 https://www.bbc.co.uk/news/education-50563833

2. 'India surpasses France, UK to become world's 5th largest economy:IMF', *Business Today*, 23 February 2020 https://www.businesstoday.in/current/economy-politics/india-surpasses-france-uk-to-become-world-5th-largest-economy-imf/story/396717.html

3. Alanna Petroff, 'Britain crashes out of world's top 5 economies', *CNN*, 2017 https://money.cnn.com/2017/11/22/news/economy/uk-france-biggesteconomies-in-the-world/index.html

4. Darren Boyle, 'India overtakes Britain as the world's sixth largest economy (so why are WE still planning to send THEM £130 million in aid by 2018?)', the *Daily Mail*, 2016 https://www.dailymail.co.uk/news/article-4056296/India-overtakes-Britain-world-s-sixth-largest-economyearth-planning-send-130-million-aid-end-2018.html

5. World Economic and Financial Surveys, World Economic Outlook Database, IMF.org https://www.imf.org/external/pubs/ft /weo/2019/02/weodata/index.aspx

6. Marcus Stead, 'The quiet death of Virgin Cola', 2012 https://marcussteaduk.wordpress.com/2011/02/20/virgin-cola/

7. Clark, A. E., Frijters, P. and Shields, M. A., 'Relative income, happiness, and Utility: An explanation for the Easterlin Paradox and other puzzles', *Journal of Economic Literature*, 46(1) (2008), pp. 95–144 doi:10.1257/jel.46.1.95

8. IMF World Economic Outlook Database, 2019 https://www.imf.org/external/pubs/ft /weo/2019/02/weodata/index.aspx

9. 'QS World University Rankings: Methodology', 2020 https://www.topuniversities.com/qs-world-university-rankings/methodology

10. 'University league tables 2020', the *Guardian*, https://www.theguardian.com/education/ng-interactive/2019/jun/07/university-league-tables-2020

11. OECD PISA FAQ http://www.oecd.org/pisa/pisafaq/

12. 'PISA 2018 results: Combined executive summaries' https://www.oecd.org/pisa/Combined_Executive_Summaries_PISA_2018.pdf

## 14장 이것이 문헌을 대표하는가

1. Joe Pinkstone, 'Drinking a small glass of red wine a day could help avoid age-related health problems like diabetes, Alzheimer's

and heart disease, study finds', the *Daily Mail*, 2020 https://www.dailymail.co.uk/sciencetech/article-8185207/Drinking-small-glass-red-wine-day-good-long-termhealth.html

2. Alexandra Thompson, 'A glass of red is NOT good for the heart: Scientists debunk the myth that drinking in moderation has health benefits', the *Daily Mail*, 2017 https://www.dailymail.co.uk/health/article-4529928/Aglass-red-wine-NOT-good-heart.html

3. Alexandra Thompson, 'One glass of antioxidant-rich red wine a day slashes men's risk of prostate cancer by more than 10% – but Chardonnay has the opposite effect, study finds', the *Daily Mail*, 2018 https://www.dailymail.co.uk/health/article-5703883/One-glass-antioxidant-rich-redwine-day-slashes-mens-risk-prostate-cancer-10.html

4. Colin Fernandez, 'Even one glass of wine a day raises the risk of cancer: Alarming study reveals booze is linked to at least SEVEN forms of the disease', the *Daily Mail*, 2016 https://www.dailymail.co.uk/health/article-3701871/Even-one-glass-wine-day-raises-risk-cancer-Alarmingstudy-reveals-booze-linked-SEVEN-forms-disease.html

5. Mold, M., Umar, D., King, A. and Exley, C., 'Aluminium in brain tissue in autism', Journal of Trace Elements in Medicine and Biology, 46 (March 2018), pp. 76-82 doi:10.1016/j.jtemb.2017.11.012

6. Chris Exley and Alexandra Thompson, 'Perhaps we now have the link between vaccination and autism: Professor reveals aluminium in jabs may cause sufferers to have up to 10 times more of the metal in their brains than is safe', the Daily Mail, 2017, archived at https://web.archive.org/web/20171130210126/http://www.dailymail.co.uk/health/article-5133049/Aluminium-vaccines-cause-autism.html

7. Wakefield, A. J., Murch, S. H., Anthony, A., Linnell, J. et al., 'RETRACTED: Ileal-lymphoid-nodular hyperplasia, non-specific colitis, and pervasive developmental disorder in children', The *Lancet*, 28 February 1998 https://doi.org/10.1016/S0140-6736(97)11096-0

8. Godlee, F., Smith, J. and Marcovitch, H., 'Wakefield's article linking MMR vaccine and autism was fraudulent', *British Medical Journal*, 342 (2011), c7452.

9. 'More than 140,000 die from measles as cases surge worldwide', WHO, 2019 https://www.who.int/news-room/detail/05-12-2019-more-than-140-000-die-from-measles-as-cases-surge-worldwide

10. Xi, B., Veeranki, S. P., Zhao, M., Ma, C., Yan, Y. and Mi, J., 'Relationship of alcohol consumption to all-cause, cardiovascular, and cancer-related mortality in U.S. adults', *Journal of the American College of Cardiology*, 70(8) (August 2017), pp. 913–22.

11. Bell, S., Daskalopoulou, M., Rapsomaniki, E., George, J., Britton, A., Bobak, M., Casas, J. P., Dale, C. E., Denaxas, S., Shah, A. D. and Hemingway, H., 'Association between clinically recorded alcohol consumption and initial presentation of 12 cardiovascular diseases: Population based cohort study using linked health records', *British Medical Journal*, 356 (2017), j909.

12. Gonçalves, A., Claggett, B., Jhund, P. S., Rosamond, W., Deswal, A., Aguilar, D., Shah, A. M., Cheng, S. and Solomon, S. D., 'Alcohol consumption and risk of heart failure: The atherosclerosis risk in communities study', *European Heart Journal*, 36 (14) (14 April 2015), pp. 939–45 https://doi.org/10.1093/eurheartj/ehu514

## 15장 새로움에 대한 요구

1. Lucy Hooker, 'Does money make you mean?', *BBC News*, 2015 https://www.bbc.co.uk/news/magazine-31761576

2. Vohs, K. D., Mead, N. L. and Goode, M. R., 'The psychological consequences of money,' *Science*, 314 (17 November 2006).

3. Daniel Kahneman, *Thinking, Fast and Slow*, Allen Lane, 2011.

4. Bateson, M., Nettle, D. and Roberts, G., 'Cues of being watched enhance cooperation in a real-world setting', *Biology Letters*, 2(3) (2006), pp. 412–14 doi:10.1098/rsbl.2006.0509

5. Zhong, C.-B. and Liljenquist, K., 'Washing away your sins:

Threatened morality and physical cleansing', Science, 313 (8 September 2006), pp. 1451–2 doi:10.1126/science.1130726.

6. Joe Pinsker, 'Just *looking* at cash makes people selfish and less social', The *Atlantic*, 2014.

7. Bem, D. J., 'Feeling the future: Experimental evidence for anomalous retroactive influences on cognition and affect', *Journal of Personality and Social Psychology*, 100(3) (2011), pp. 407–25 https://doi.org/10.1037/a0021524

8. Ritchie, S., Wiseman, R. and French, C., 'Replication, replication, replication', *The Psychologist*, 25 (May 2012) https://thepsychologist.bps.org.uk/volume-25/edition-5/replication-replication-replication

9. Ritchie, S. J., Wiseman, R. and French, C. C., 'Failing the future: Three unsuccessful attempts to replicate Bem's "retroactive facilitation of recall" effect', PLOS One, 7(3) (2012), e33423 https://doi.org/10.1371/journal.pone.0033423

10. Bem, D., Tressoldi, P. E., Rabeyron, T. and Duggan, M., 'Feeling the future: A meta-analysis of 90 experiments on the anomalous anticipation of random future events (version 2; peer review: 2 approved)', F1000Research, 2016, 4:1188 https://doi.org/10.12688/f1000research.7177.2

11. Simes R. J., 'Publication bias: The case for an international registry of clinical trials', *Journal of Clinical Oncology*, 4(10) (1 October 1986), pp.1529–41 doi:10.1200/JCO.1986.4.10

12. Driessen, E., Hollon, S. D., Bockting, C. L. H., Cuijpers, P. and Turner, E. H., 'Does publication bias inflate the apparent efficacy of psychological treatment for major depressive disorder? A systematic review and metaanalysis of US national institutes of health-funded trials', *PLOS One*, 10(9) (2015), e0137864 doi:10.1371/journal.pone.0137864

13. Conn, V., Valentine, J., Cooper, H. and Rantz, M., 'Grey literature in meta-analyses', *Nursing Research*, 52(4) (2003), pp. 256–61 doi:10.1097/00006199-200307000-00008

14. DeVito, N. J., Bacon, S. and Goldacre, B., 'Compliance with legal requirement to report clinical trial results on ClinicalTrials.

gov: A cohort study', *The Lancet*, 17 January 2020 doi:https://
doi.org/10.1016/S0140-6736(19)33220-9

15. Lodder, P., Ong, H. H., Grasman, R. P. P. P. and Wicherts, J.
M., 'A comprehensive meta-analysis of money priming', *Journal
of Experimental Psychology: General*, 148(4) (2019), pp. 688–712
doi:10.1037/xge0000570

16. Scheel, A., Schijen, M. and Lakens, D., 'An excess of positive
results: Comparing the standard psychology literature with
registered reports', *PsyArVix*, 5 February 2020 doi:10.31234/osf.
io/p6e9c

## 16장 체리피킹

1. Bob Carter, 'There IS a problem with global warming... it
stopped in 1998,' the *Daily Telegraph*, 2006 https://www.
telegraph.co.uk/comment/3624242/There-IS-a-problem-with-
global-warming...-it-stoppedin-1998.html

2. David Rose, 'Global warming stopped 16 years ago, reveals Met
Office report quietly released . . . and here is the chart to prove
it', the *Mail on Sunday*, 2012 https://www.dailymail.co.uk/
sciencetech/article-2217286/Global-warming-stopped-16-years-
ago-reveals-Met-Office-report-quietlyreleased--chart-prove-it.
html

3. Sam Griffiths and Tim Shipman, '"Suicidal generation": tragic
toll of teens doubles in 8 years', the *Sunday Times*, 2019 https://
www.thetimes.co.uk/edition/news/suicidal-generation-tragic-
toll-of-teens-doubles-in-8-years-zlkqzsd2b

4. 'Suicides in the UK: 2018 registrations', ONS, 3 September
2019 https://www.ons.gov.uk/peoplepopulationandcommunity/
birthsdeathsandmarriages/deaths/bulletins/
suicidesintheunitedkingdom/2018registrations

5. COMPare, 'Tracking switched outcomes in medical trials',
Centre for Evidence-Based Medicine, 2018 https://compare-
trials.org/index.html

## 17장 예측

1. Philip Inman, 'OBR caps UK growth forecast at 1.2% but says five-year outlook bright', the *Guardian*, 2019 https://www.theguardian.com/business/2019/mar/13/obr-caps-uk-growth-forecast-at-12-but-says-fiveyear-outlook-bright

2. 'How our forecasts measure up', Met Office blog, 2016 https://blog.metoffice.gov.uk/2016/07/10/how-our-forecasts-measure-up/

3. Nate Silver, *The Signal and the Noise: The Art and Science of Prediction*, Penguin 2012.

## 18장 모형 속 가정들

1. Peter Hitchens, 'There's powerful evidence this Great Panic is foolish, yet our freedom is still broken and our economy crippled', the *Mail on Sunday*, 2020. Archived at the Wayback Machine: https://www.dailymail.co.uk/debate/article-8163587/PETER-HITCHENS-Great-Panic-foolish-freedombroken-economy-crippled.html We have used the archived version because the original *Mail on Sunday* article has been edited since publication, so that the quoted line 'He has twice revised his terrifying prophecy, first to fewer than 20,000 and then on Friday to 5,700', now reads 'He *or others from Imperial College* have twice revised his terrifying prophecy, first to fewer than 20,000 and then on Friday to 5,700' (our italics).

2. 'United Kingdom: What is the cumulative number of confirmed deaths?', *Our World in Data* https://ourworldindata.org/coronavirus/country/united-kingdom?country=~GBR#what-is-the-cumulative-number-ofconfirmed-deaths

3. Ferguson, N. M., Laydon, D., Nedjati-Gilani, G., Imai, N. et al., 'Impact of non-pharmaceutical interventions (NPIs) to reduce COVID-19 mortality and healthcare demand', Imperial College London, 16 March 2020 https://www.imperial.ac.uk/media/imperial-college/medicine/sph/ide/gidafellowships/Imperial-College-COVID19-NPI-modelling-16-03-2020.pdf

4. Lourenco, J., Paton, R., Ghafari, M., Kraemer, M., Thompson,

C., Simmonds, P., Klenerman, P. and Gupta, S., 'Fundamental principles of epidemic spread highlight the immediate need for large-scale serological surveys to assess the stage of the SARS-CoV-2 epidemic', *medRxiv* 2020.03.24.20042291 (preprint) 2020 https://doi.org/10.1101/2020.03.24.20042291

5.  Chris Giles, 'Estimates of long-term effect of Brexit on national income' chart, 'Brexit in seven charts – the economic impact', the *Financial Times*, 2016 https://www.ft .com/content/0260242c-370b-11e6-9a05-82a9b15a8ee7

6.  'The economy after Brexit', Economists for Brexit, 2016 http://issuu.com/efb kl/docs/economists_for_brexit_-_the_economy/1?e=24629146/35248609

7.  'HM Treasury analysis: The immediate economic impact of leaving the EU', HM Treasury, 2016 https://assets.publishing.service.gov.uk/government/uploads/system/uploads/attachment_data/fi le/524967/hm_treasury_analysis_the_immediate_economic_impact_of_leaving_the_eu_web.pdf

8.  'Family spending workbook 1: Detailed expenditure and trends', table 4.3, ONS, 19 March 2020. https://www.ons.gov.uk/peoplepopulationandcommunity/personalandhouseholdfi nances/expenditure/datasets/familyspendingworkbook1detailedexpenditureandtrends

9.  Estrin, S., Cote, C., and Shapiro, D., 'Can Brexit defy gravity? It is still much cheaper to trade with neighbouring countries', LSE blog, 9 November 2018 https://blogs.lse.ac.uk/management/2018/11/09/can-brexit-defygravity-it-is-still-much-cheaper-to-trade-with-neighbouring-countries/

10. Head, K. and Mayer, T., Gravity equations: Workhorse, toolkit, and cookbook', *Handbook of International Economics*, 4(10) (2013) doi:1016/B978-0-444-54314-1.00003-3.

11. Sampson, T., Dhingra, S., Ottaviano, G. and Van Reenan, J., 'Economists for Brexit: A critique', CEP Brexit Analysis Paper No. 6, 2016 http://cep.lse.ac.uk/pubs/download/brexit06.pdf

12. Pike, W. T. and Saini, V., 'An international comparison of the second derivative of COVID-19 deaths after implementation

of social distancing measures', *medRxiv* 2020.03.25.20041475
doi:https://doi.org/10.1101/2020.03.25.20041475

13. Tom Pike, Twitter, 2020: https://twitter.com/
    TomPike00075908/status/1244077827164643328.

## 19장 텍사스 명사수 오류

1. Stefan Shakespeare, 'Introducing YouGov's 2017 election model',
   YouGov, 2017 https://yougov.co.uk/topics/politics/articles-
   reports/2017/05/31/yougovs-election-model

2. Stefan Shakespeare, 'How YouGov's election model compares
   with the final result', YouGov, 2017 https://yougov.co.uk/topics/
   politics/articlesreports/2017/06/09/how-yougovs-election-
   model-compares-final-result

3. Anthony Wells, 'Final 2019 general election MRP model: Small
   Conservative majority likely', YouGov, 2019 https://yougov.
   co.uk/topics/politics/articles-reports/2019/12/10/fi nal-2019-
   general-election-mrp-modelsmall-

4. John Rentoul, 'The new YouGov poll means this election is going
   to the wire', the *Independent*, 2019 https://www.independent.
   co.uk/voices/election-yougov-latest-poll-mrp-yougov-survation-
   tories-labour-majorityhung-parliament-a9241366.html

5. Mia de Graaf, 'Cell phone tower shut down at elementary
   school after eight kids are diagnosed with cancer in "mysterious"
   cluster', the *Daily Mail*, 2019 https://www.dailymail.co.uk/
   health/article-6886561/Cell-phonetower-shut-elementary-
   school-eight-kids-diagnosed-cancer.html

6. Julie Watts, 'Moms of kids with cancer turn attention from
   school cell tower to the water', *CBS Sacramento*, 2019 https://
   sacramento.cbslocal. com/2019/05/02/moms-kids-cancer-cell-
   tower-water-ripon/

7. 'Cancer facts & figures 2020', American Cancer Society, Atlanta,
   Ga., 2020 https://www.cancer.org/research/cancer-facts-statistics/
   all-cancerfacts-figures/cancer-facts-fi gures-2020.html

8. Simeon Denis Poisson, *Recherches sur la probabilite des jugements
   en matiere criminelle et en matiere civile*, 1837, translated 2013 by

Oscar Sheynin https://arxiv.org/pdf/1902.02782.pdf

9. Sam Greenhill, "'It's awful – Why did nobody see it coming?'": The Queen gives her verdict on global credit crunch', the *Daily Mail*, 2008 https://www.dailymail.co.uk/news/article-1083290/Its-awful--Why-didcoming--The-Queen-gives-verdict-global-credit-crunch.html

10. House of Commons Hansard Debates, 13 November 2003, Column 397 https://publications.parliament.uk/pa/cm200203/cmhansrd/vo031113/debtext/31113-02.htm

11. Melissa Kite, 'Vince Cable: Sage of the credit crunch, but this Liberal Democrat is not for gloating', the *Daily Telegraph*, 2008 https://www.telegraph.co.uk/news/politics/liberaldemocrats/3179505/Vince-Cable-Sage-of-the-credit-crunch-but-this-Liberal-Democrat-is-not-for-gloating.html

12. Paul Samuelson (1966), quoted in Bluedorn, J. C., Decressin, J. and Terrones, M. E., 'Do asset price drops foreshadow recessions?', IMF Working Paper, October 2013, p. 4.

13. Asa Bennett, *Romanifesto: Modern Lessons from Classical Politics*, Biteback Publishing, 2019.

14. Rachael Pells, 'British economy "will turn nasty next year", says former Business Secretary Sir Vince Cable', the *Independent*, 2016 https://www.independent.co.uk/news/business/sir-vince-cable-british-economywill-turn-nasty-next-year-says-man-who-predicted-2008-economiccrash-a7394316.html

15. Feychting, M. and Alhbom, M., 'Magnetic fields and cancer in children residing near Swedish high-voltage power lines', *American Journal of Epidemiology*, 138(7) (1 October 1993), pp. 467–81 https://doi.org/10.1093/oxfordjournals.aje.a116881

16. Andy Coghlan, 'Swedish studies pinpoint power line cancer link', *New Scientist*, 1992 https://www.newscientist.com/article/mg13618450-300-swedish-studies-pinpoint-power-line-cancer-link/

17. Dr John Moulder, 'Electromagnetic fields and human health: Power lines and cancer FAQs', 2007 http://large.stanford.edu/publications/crime/references/moulder/moulder.pdf

18. Richard Gill, 'Lying statistics damn Nurse Lucia de B', 2007 https://www.math.leidenuniv.nl/~gill/lucia.html

19. Ben Goldacre, 'Lucia de Berk – a martyr to stupidity', the *Guardian*, 2010 https://www.badscience.net/2010/04/lucia-de-berk-a-martyr-tostupidity/

**20장 생존자 편향**

1. Danuta Kean, 'The Da Vinci Code code: What's the formula for a bestselling book?', the *Guardian*, 2017 https://www.theguardian.com/books/2017/jan/17/the-da-vinci-code-code-whats-the-formula-for-abestselling-book

2. Donna Ferguson, 'Want to write a bestselling novel? Use an algorithm', the *Guardian*, 2017 https://www.theguardian.com/money/2017/sep/23/write-bestselling-novel-algorithm-earning-money

3. Hephzibah Anderson, 'The secret code to writing a bestseller', *BBC Culture*, 2016 https://www.bbc.com/culture/article/20160812-the-secretcode-to-writing-a-bestseller

4. Wald, A., 'A method of estimating plane vulnerability based on damage of survivors', Alexandria, Va., Operations Evaluation Group, Center for Naval Analyses, reprint, CRC432, 1980 https://apps.dtic.mil/dtic/tr/fulltext/u2/a091073.pdf

5. Gary Smith, *Standard Deviations: Flawed Assumptions, Tortured Data, and Other Ways to Lie with Statistics*, Overlook Press 2014.

6. Jordan Ellenberg, *How Not to Be Wrong: The Power of Mathematical Thinking*, Penguin Books, 2014, pp. 89–191.

7. Derren Brown, *The System*, Channel 4, 2008 http://derrenbrown.co.uk/shows/the-system/

8. John D. Sutter, 'Norway mass-shooting trial reopens debate on violent video games', CNN, 2012 https://edition.cnn.com/2012/04/19/tech/gaminggadgets/games-violence-norway-react/index.html

9. Ben Hill, 'From a bullied school boy to NZ's worst mass murderer: Christchurch mosque shooter was "badly picked

on as a child because he was chubby'", *Daily Mail Australia*, 2019 https://www.dailymail.co.uk/news/article-6819895/ Christchurch-mosque-shooter-picked-pretty-badly-childoverweight.html

10. Jane C. Timm, 'Fact check: Trump suggests video games to blame for mass shootings', NBC News, 2019 https://www. nbcnews.com/politics/donald-trump/fact-check-trump-suggests-video-games-blame-massshootings-n1039411

11. Markey, P. M., Markey, C. N. and French, J. E., 'Violent video games and real-world violence: Rhetoric versus data', *Psychology of Popular Media Culture*, 4(4) (2015), pp. 277–95 https://doi. org/10.1037/ppm0000030

12. Turner, E. H., Matthews, A. M., Linardatos, E., Tell, R. A. and Rosenthal, R., 'Selective publication of antidepressant trials and its influence on apparent efficacy', *New England Journal of Medicine*, 358(3) (2008), pp. 252–60 doi:10.1056/ NEJMsa065779

## 21장 충돌 편향

1. Miyara, M., Tubach, F., Pourcher, V., Morelot-Panzini, C. et al., 'Low incidence of daily active tobacco smoking in patients with symptomatic COVID-19', *Qeios*, 21 April 2020 doi:10.32388/ WPP19W.3

2. Mary Kekatos, 'Was Hockney RIGHT? French researchers to give nicotine patches to coronavirus patients and frontline workers after lower rates of infection were found among smokers', the *Daily Mail*, 2020 https://www.dailymail.co.uk/ health/article-8246939/French-researchers-plannicotine-patches-coronavirus-patients-frontline-workers.html

3. Roberts, R. S., Spitzer, W. O., Delmore, T. and Sackett, D. L., 'An empirical demonstration of Berkson's bias', *Journal of Chronic Diseases*, 31(2) (1978, pp. 119–28 https://doi.org/10.1016/0021-9681(78)90097-8

4. Griffith, G., Morris, T. T., Tudball, M., Herbert, A. et al., 'Collider bias undermines our understanding of COVID-19

disease risk and severity', *medRxiv* 2020.05.04.20090506
doi:https://doi.org/10.1101/2020.05.04.20090506

5. Sperrin, M., Candlish, J., Badrick, E., Renehan, A. and Buchan, I., 'Collider bias is only a partial explanation for the obesity paradox', *Epidemiology*, 27(4) (July 2016), pp. 525–30 doi:10.1097/EDE.0000000000000493. PMID: 27075676; PMCID: PMC4890843.

## 22장 굿하트의 법칙

1. Patrick Worrall, 'The target was for 100,000 tests a day to be "carried out", not "capacity" to do 100,000 tests', *Channel 4 FactCheck*, 2020 https://www.channel4.com/news/factcheck/factcheck-the-target-was-for-100000-tests-a-day-to-be-carried-out-not-capacity-to-do-100000-tests

2. 'United Kingdom: How many tests are performed each day?', *Our World in Data* https://ourworldindata.org/coronavirus/country/unitedkingdom?country=~GBR#how-many-tests-are-performed-each-day

3. Laura Kuenssberg, Twitter https://twitter.com/bbclaurak/status/1255757972791230465

4. 'Matt Hancock confirms 100,000 coronavirus testing target met', *ITV News*, 1 May 2020 https://www.itv.com/news/2020-05-01/coronavirus-dailybriefing-matt-hancock-steve-powis-testing-tracing/

5. Emily Ashton, Twitter, 29 April 2020 https://twitter.com/elashton/status/1255468112251695109

6. Nick Carding, 'Government counts mailouts to hit 100,000 testing target', *Health Service Journal*, 2020 https://www.hsj.co.uk/quality-andperformance/revealed-how-government-changed-the-rules-to-hit-100000-tests-target/7027544.article

7. 'More or less: Testing truth, fatality rates obesity risk and trampolines', BBC Radio 4, 2020 https://www.bbc.co.uk/programmes/p08ccb4g

8. 'Sir David Norgrove response to Matt Hancock regarding the government's COVID-19 testing data', UK Statistics

Authority, 2 June 2020 https://www.statisticsauthority.gov.uk/correspondence/sir-david-norgroveresponse-to-matt-hancock-regarding-the-governments-covid-19-testingdata/

9. Daisy Christodoulou, 'Exams and Goodhart's law', 2013 https://daisychristodoulou.com/2013/11/exams-and-goodharts-law/

10. Dave Philipps, 'At veterans hospital in Oregon, a push for better ratings puts patients at risk, doctors say', the *New York Times*, 2018 https://www.nytimes.com/2018/01/01/us/at-veterans-hospital-in-oregon-a-push-forbetter-ratings-puts-patients-at-risk-doctors-say.html

11. Gupta, A., Allen, L. A., Bhatt, D. L., Cox, M. et al., 'Association of the hospital readmissions reduction program implementation with readmission and mortality outcomes in heart failure', *JAMA Cardiology*, 3(1) (20), pp.44–53 doi:10.1001/jamacardio.2017.4265

12. Fire, M. and Guestrin, C., 'Over-optimization of academic publishing metrics: Observing Goodhart's law in action', *GigaScience*, 8(6) (June 2019), giz053 https://doi.org/10.1093/gigascience/giz053

13. 'Millions more items of PPE for frontline staff from new business partnerships', Gov.uk, 9 May 2020 https://www.gov.uk/government/news/millions-more-items-of-ppe-for-frontline-staff-from-new-businesspartnerships

14. Will Kurt, Twitter, 20 May 2016 https://twitter.com/willkurt/status/733708922364657664

15. Tom Chivers, 'Stop obsessing over the 100,000 test target', *UnHerd*, 2020 https://unherd.com/thepost/stop-obsessing-over-the-100000-test-target/

## 결론 및 통계 스타일 가이드

1. Simon Heffer, *The Daily Telegraph Style Guide*, Aurum Press, 2010.

2. 'Names and titles', Telegraph style book, 23 January 2018 https://www.telegraph.co.uk/style-book/names-and-titles/

3.   Emily Favilla, 'BuzzFeed Style Guide', 4 February 2014 https://www.buzzfeed.com/emmyf/buzzfeed-style-guide

5.   Roger Milne, 'Britain in row with neighbours over North Sea dumping', *New Scientist*, 27 January 1990 https://www.newscientist.com/article/mg12517011-200-britain-in-row-with-neighbours-over-north-seadumping/#ixzz6VUDWpXqm

6.   Adams, R. C., Challenger, A., Bratton, L., Boivin, J. et al., 'Claims of causality in health news: A randomised trial', *BMC Medicine*, 17, 91 (2019) https://doi.org/10.1186/s12916-019-1324-7

# 찾아보기